JN027359

叢書・ウニベルシタス　1159

断絶

クレール・マラン
鈴木智之 訳

法政大学出版局

Claire MARIN : "RUPTURE(S)"
© Éditions de l'Observatoire / Humensis, 2019
This book is published in Japan by arrangement with Humensis
through le Bureau des Copyrights Français, Tokyo.

断絶　目次

序　章　人生はいくつもの別れでできている……1
第1章　自分自身に、そして他者に忠実であり続けることの不可能性……23
第2章　愛する人との別れ……37
第3章　自分自身になる……89
第4章　散逸の喜び……107
第5章　事故に遭った人……131
第6章　誕生と別れ……141

第7章　家族と別れる……159
第8章　消失……177
第9章　断絶の性……195
第10章　夜を渡る……205
第11章　契約の破綻……211
訳者あとがき……221
参考文献……(1)

凡例

一、本書は Claire Marin, *Rupture(s)*, Éditions de l'Observatoire / Humensis, 2019 の全訳である。

二、原文の《 》は「 」とする。イタリックは傍点などで強調し、書名は『 』とする。

三、原注は（ ）にアラビア数字を付けて本文の傍注とし、訳注は〔 〕で漢数字を付けて各章末に付ける。注はいずれも章毎に番号を振り直す。なお、〔 〕は訳者が読者の便宜を考慮して新たに挿入したものである。

四、原文の［ ］、（ ）などはそのまま使用するが、原語を補う場合は（ ）とする。

五、引用で、邦訳があるものはそれを参照しつつも、原著者の引用の文脈を考慮して訳者があらためて訳し直したり、表記をあらためたものがある。

我々は粘り強く、一夜の内に打ち砕かれることはないだろう。

（ニーチェ『反時代的考察　第二篇』[1]）

（1） Nietzsche, *Seconde considération intempestive*, Flammarion, coll. « GF », 1988, p. 96〔フリードリッヒ・ニーチェ、小倉志祥訳、『反時代的考察（ニーチェ全集4）』、ちくま学芸文庫、一九九三年、一四四頁〕。

序章　人生はいくつもの別れでできている

別れるのであれば、すっきりと断ち切ってしまいたい。まっすぐきれいに、一刀のもとで、サーベルで首を落とすみたいに。しかし、別れは身を引き裂くものだ。切り離されて、それぞれが元通りのパーツに戻っていくのではなく、その語源[一]が示すように、別れ＝断絶(rupture)とは引き裂かれることである。それぞれのきれいな輪郭が取り戻されることは滅多にない。自分の体形を正確に写し取った型紙通りに、ミシン目に沿って丁寧に鋏を入れていくように裁断されるのではない。お互いの存在が密に絡み合って、どこまでが自分でどこからがあの人なのかもよく分からなくなってしまったような、共有された生の織り目を引き裂いていくのだ。しかし、別れようとする者、断ち切ろうとする者は、それを切り分けることができると思っている。自分自身のシルエットが投影された影を描き取ることができると信じて、曖昧な輪郭線、そこをふさいでいる雑多なもの、自分が本当の自分であることを妨げているしがらみを取り除こうとする。

端数なく割り切られた数字のような、さっぱりとした別れはたぶん不可能だ。ニーチェの言葉を借りれば、私たちは「妙な余りをまったく残さない数字のように自らを切り詰めて、ただこの時だけを生きる」[1]ことはできないのだ。別れた後も、つながりが感じられる。幻肢のようにかつての生を証言するもの。過去の生活が自分自身の内に刻み込んだものの痕跡の一切が残っている。自分の体のなかに、思考のなかに、物事を把握し、生活していく様式のなかに浸透し、刻まれているもの。引きずっているもの、彗星のおぼろげな尻尾、いつまでもなくならないもの、意に反して流れ続けているものがある。きれいにページをめくってしまうことはできない。前のページに書かれていたことがみな透けて見える。かつての生活が、透かし模様のように執拗に浮かび上がる。消去したデッサンの痕を残さない魔法のお絵かきボードは存在しない。ペンが表面にしるしを残し、新しいデッサンの下にそれが見えてしまう。無意識がこの幻の痕跡を思い起こさせ、そこから完全に目を背けることを許さない。

この時、橋を落として、ほかの場所に移ることはできるのだろうか。時の経過とともに自然なものとなってしまったこの結び目をほどくこと、いつもそばにいた人、その体、その声を、我が身から引き離すことがどうすればできるだろう。どうすれば住み慣れた場所を離れ、姿勢を変え、まっすぐ前を向いて、他人の言葉を話すことができるのか。過去の生活を断ち切ること、それはものの見方を変えることだ。しかしそれは同時に、自分の体を、その姿かたちを変えることでもある。自分自身の存在のあり方、自己確認の音調を変えること。別れは深層の変容をともない、そこでは、身体が重要な役割を果たす。

別れは身体的な経験、肉の経験である。私たちは別れの苦しみを、剝ぎ取られることとして感じ取る。その概念を私は長いあいだ抽象的で詩的なものだと感じてきたのだけれ

(1) Nietzsche, *Seconde considération intempestive*, Flammarion, coll.« GF », 1988, p. 76〔フリードリッヒ・ニーチェ、小倉志祥訳、『反時代的考察（ニーチェ全集4）』、ちくま学芸文庫、一九九三年、一二三頁〕。

ど、それは、哲学者メルロ＝ポンティが言う「世界の肉[1]」の具体的経験である。自分を取り巻く他者や世界とのつながりは、私たちがそれを失う時ほど、より正確に言えば、自分が慣れ親しんできた枠組みのなかで、自分のなかに刻み込まれ受肉化してきた共同の生のなかで、自分にとって大切な存在であった人を剝ぎ取られる時ほど、痛切に感じられることはない。目覚めた時、あなたの体が隣にいない、あなたの声はもう応えてくれない。それとともに家は荒び、空は輝きを失う。お腹がすいたり、喉が渇いたりするのと同じように、あの子に会いたい、あの我が家が恋しいと思う。恋しさのあまり、眠ることも、食べることも、働くことも、暮らしを営むこともできない。生が途絶え、砕けてしまったから。私たちは交じり合っていたのに、今はもう引き裂かれ、根扱ぎにされ、寸断され、別々になってしまった。あまりにも鮮明な記憶が責め苦になる。そうした苦痛な「想い出のかけら[2]」のすべてを書き出してみなければならないだろう。愛する人との別れのひりひりとした感触。落ち込んで蒼白になり、動きが緩慢になり、進んで生きようとする自分が見えなくなり、消えてしまう。自分が蒸発する。その密度が失われる。あるいは逆に、鮮明な感覚だけになる。苦痛の閃光が休みなく続く。

自分から進んで、決心して別れた時でさえ、自分はこれでいいのだと納得している時でさえ、それまで沈黙していた自分自身の正体が露わになり、本音の自分が解放されてしまって、別れは苦しみであり続ける。別れることを自分に強いた裏切りや暴力を、近しかった人たちの信頼を意に反して貶めてしまった豹変を、受け止めることは決して簡単なことではない。ランスに帰る〔三〕ことは決して容易ではない。[3] アルジェやプノンペンに帰ることも同様に困難である。亡命の苦しみや郷愁は、戦争によって強いられた別離によって深く根を下ろした、もうひとつの痕跡である。祖国へと帰る者、「帰郷者」は自らが去った国を失っており、異邦の者となっている。[4] その異邦性は二重化している。故郷を離れるということは二度別れるということである。かつての自分

(2) Vincent Delecroix, *Ce qui est perdu*, Gallimard, coll. « Folio », 2009.
(3) *Cf.* Didier Eribon, *Retour à Reims*, Flammarion, coll. « Champs », 2018〔ディディエ・エリボン、塚原史訳、『ランスへの帰郷』、みすず書房、二〇二〇年〕。
(4) この問題については、Alfred Schütz, *L'Étranger*, suivi de *L'homme qui revient au pays* (Allia, 2017)〔アルフレッド・シュッツ、桜井厚訳、「他所者」、『現象学的社会学の応用』、御茶の水書房、一九九七年〕を見よ。

自身との別れと、自分は自分のいるべき場所にいるのだというある種の幻想との別れ。それは、自分がその場所にいて当然だと人からも見なされる時の、その心理的な安寧を放棄するということ。承認の希望を断ち切ることである。亡命者にも、階級からの離脱者にも、同性愛者にも、自分のための場所は確保されていない。どこか、そうすることができる場所に身を置いてみるしかない。

私たちはみな、いくつもの人生の傷を生きている。自分を苦しめるいくつもの経験を超えていく。しかし、皆が同じようにそれに対処するわけではない。内面の脆さも強さもある。責め苦（torture）は、その語源が示すように、ねじり上げること（torsion）である。別れは、自分でそれを選んだのであれ、強いられたのであれ、心理的にも身体的にも耐えがたく自分をねじり上げる。自己の同一性の、その実存の変形に耐えなければならない。この変形のなかで私たちは怪物的存在になる。否も応もなく。不幸によって、嫌われてしまったことの恥辱によって、失恋の痛みによって変形してしまうのだ。あるいは、妻や子どもを棄て、親たちや出自を否定して、法や価値や信仰を愚弄して、ふり返ることもなく立ち去っていくひどい人間になるのだ。高い可塑性を備えた者たちは、これを生き延びて変形に耐える。「背骨」のようなものがしっかりと座っているからだ。ある種の構造は堅固であると同時に柔軟である。その恩恵を受ける者は、別れに耐えることだろう。

別れは自分自身のもの。自らそれを決断するにせよ、それを強いられるにせよ。家族や、友人や、恋人や、住み慣れた世界から離れること。仕事を変え、国を変え、話す言葉を換えること。別れは、おそらく様々なつながり以上に、自分自身を作り上げる。私を私たらしめているものは、まっすぐにたどってきた道筋にあるばかりでなく、いくつもの岐路の内に、退出路の内にあり、契約そのものだけでなく契約の破綻の内にある。こうして自らを制御できずに「流されていく」経験から、私たちは何を学んでいるのだろう。その漂流は何を露わにし、何を築いているのだろう。新たな自由の高揚のなかに置かれるにせよ、苦痛な孤独のなかに置かれるにせよ、その経験は主体に問いかけ、自己を再定義すること、もしくは自己定義という考えそのものを放棄することを強いるのだ。

別れは、はっきりと現れて目につくものであるとは限らない。時にそれは、明白な変化をともなわず、内心の決意と新たな方向づけを通じて、生活のいくつかの部分を放棄することの内にある。その部分が生き生きとしたものであることをやめるのだ。これという説明もなく、人々の存在や、生活様式の一部分が色褪せていく。ある場所に行かなくなったり、ある人たちと付き合わなくなったりしながら、新しい生活のスタイルに溶け込んでいく。それは、本当に別れ、すなわち断絶なのだろうか。それとも、単なる展開、内なる変化、変容に過ぎないのだろうか。過去の自分自身を断ち切るという考え方そのものが幻想にすぎないのかもしれない。その人の行為図式や思考図式に深層からの変形が生じた時、本当の意味での別れ＝断絶が生じる。人が自分自身の「存在の習慣」(5)〔四〕と呼びうるものを断ち切った時だ。しかし、私はどこまで別人になれるのだろう。そして、どれほどそれを必要としているのだろう。生きるための必要、心的に生きのびることが問われているのかもしれない。私は、結局のところ自分自身であるために、他者との関係を断つ。別れは、私の再生としての私の誕生の条件だ。

　時には、「逃げ延びる」ために訣別しなければならない。つまり、逃げて生き延びること〔五〕、自分を脅かす者や生存を妨げる者との関係を断って自分を救うために別れるのだ。私のことを検閲し、縛りつけているのは、他者たちなのかもしれないが、時としてそれは自分自身でもある。その時には、別れることで、自己の出現と実現の条件を作り出さなければならない。自分がそうありたいと思う姿を露わにし、一人称の自分で、マリオネットでもマスコット人形でもないものとして生きるために、別れるのだ。他人の目、とりわけ親しい人々の目には、混乱と失望を招くもの、有り得ないと映りうるもののなかで、自分のアイデンティティを担うこと。別人になることに賭ける。別人が姿を現すには、断ち切ることが必要である。

けれど、断絶が意図せずに強いられた時、事故や破局や悲劇として経験された時にはどうだろう。時に「人生の小休止」と呼ばれるもの――病気、抑鬱、服喪――は、実は小休止にはとどまらない。それらはしばしば、思考の様式、生活の様式に深い変更を引き起こす。それらは、それ自体において断絶の原理であり、私は新しい生活を視野に入れて、それを承認し要求することができる。あたかも、その試練の火が私を清め、人生の滓を取り

(5) Flannery O'Connor, *L'Habitude d'être*, dans *Œuvres complètes*, Gallimard, coll. « Quarto », 2009〔フラナリー・オコナー、サリー・フィッツジェラルド編、横山貞子訳、『存在することの習慣　フラナリー・オコナー書簡集』、筑摩書房、二〇〇七年〕。

払ってくれたかのように。ただし、私はそれを何の影響も残さない経験として、否認したり、封印したりすることもできる。一件落着、事件は後に尾を引かないものとして片づけられるのである。それでも、惨事《ドラマ》がもたらした亀裂は秘かに広がり続け、その罅《ひび》の一つひとつが来るべき断絶の前提をなす。傷ついた子どもは、やがて脆い大人になっていく。

何かしらの出来事が断絶を引き起こすとしても、それらは引き金、あるいは口実に過ぎないのではないだろうか。秘かな罅がもうずっと前から走っていて、いつでもそれが広がって、私のまとまりを砕く準備ができていたのではないだろうか。

私たちは時に、実存的断絶から生まれた新しい主体を、箱から飛び出した悪魔のように思い描いてしまう。私たちは「再生」や「再出発」を語る。その人に与えられた第二のチャンス、より濃密に、より本来の自分自身を生きていくチャンスを称揚する表現はいくつもある。あたかも断絶が、自己に近づくこと、社会や家族や世の中とのつき合いによって自分から遠ざけられていた本当の自己に近づくことを可能にしたかのように。断絶が自分自身に自己を開示してくれるということの前向きな弁証法の内にはおそらく、根本的な幻想がある。「自己」なるもの、真の同一性が存在するのだと現に仮定してしまっている。

完璧な同一性、そこにおいて人が自らの固有性の内に自己を実現し、自らの個性を表現し、展開させるような同一性があるかのように。だが、この「新たな生」、この主体の変容は慰めに他ならないのではないか。悲劇に耐え、不条理な死や病いや偶発事に意味を与えるために、事後的に必要とされる再構築物ではないだろうか。

断絶によって、別れによって真の自己が開示されるという考え方は、あるべき姿の素描、実現されるべき本質、使命、運命の存在を前提にしている。別れがもたらす試練のなかで、私は自己の同一性の核心に近づくことができるだろう。苦しみは意味をもち、私たちはそれぞれに固有の同一性を有するだろう。だが、私とはそうした断絶そのものにほかならないのではないか。私とは単に、外的世界によって形成された、偶発事の、偶然の帰結に過ぎないのではないか。気づかぬうちに、絶え間なく起こっている小さな断絶の総和が、私を今の私たらしめているのではないか。そうだとすれば、私たちは「断ち切る」というよりも「断ち切られている」のであり、私たちの生を次々に描き直していく実存の破砕を被っている受け身の存在だということになるだろう。

だが、何が「断ち切られて（rompu）」いるのか。私がその一撃を受ける時、その裂傷に耐えている時、私はただ受け身なだけなのだろうか。耐え忍ぶ私はそれほど弱いのだろうか。ここでは、人格の発達に関する著書よりも、辞書の方が貴重である。辞書は、私たちが「～に慣れる（rompu à）」〔六〕ものでもあることを思い出させてくれる。私たちの内の何かが、別れ＝断絶の試練のなかで、消滅に抵抗するのだ。「～に慣れる」者は、その抵抗の力を見いだす。私が耐えているものは、私の力について何ごとかを語っている。その上で、なぜある人は剝奪の暴力に屈して崩壊してしまうのに、他の人はその命の一部を切り取られながら驚くほど生き生きとしていられるのかを理解しなければならない。試練によって私が打ちのめされてしまったり、逆に強くなったりするのを分けているものは何か。私たちは自らの別れから何を作り出すことができるのか。そして、別れは、私たちから何を作り出すのか。

ニーチェやキルケゴールの後で(6)、なお断絶について思考すべきなのだろうか〔七〕。そうすべきなのだ、おそらく。なぜなら、断絶が形を変え、より露わになってきたから。断絶が広く私たちの生活の新たな形、あるいは来るべき形になりうるから。私たちは断絶の時代《エポック》、または断絶の時《モメント》に入ったのであろう。生態学的地平において、したがってまた政治・経済的な地平において、私たちは急いで、生活の仕方、コミュニケーションの仕方、移動の仕方を再考しなければならない。富を占有しようとする習慣を変え、その行為が私たちを資源の枯渇に導いていることを否認するのをやめなければならない。個人生活のレベルであれ、集合的存続のレベルであれ、生き方を変える必要性を前にした時、断絶を引き受けることは成熟の証となるだろう。断絶は私たちの責任の自覚を示すことになるだろう。しかし同時に、必要な変化と来るべき破局の観念を知的に統合し、世界はずっと変わらずにあって、自然はいつまでも再創造されるのだと信じることをやめなければならない。もはや環境の配置は循環型のそれではないこと、私たちは生態学的断絶の時に立ち会っている

（6）ニーチェとキルケゴールはそれぞれに断絶の問題に、文化的および歴史記述的な地平において、あるいは道徳的および人格的な地平において接近していた。*Cf.* Nietzsche, *Seconde considération intempestive*, Flammarion, coll. « GF », 1998〔フリードリッヒ・ニーチェ、小倉志祥訳、『反時代的考察（ニーチェ全集4）』、ちくま学芸文庫、一九九三年〕、Kierkegaard, *La Reprise*, Flammarion, coll. « GF », 2008〔キルケゴール、桝田啓三郎訳、『反復』、岩波文庫、一九八三年〕。

ことを受け入れなければならない。それは、変質（自然の、あるいは人間の変質）や決定的消失という根本的な断絶の見通しを前にしてとっさにこれを否認してしまう私たちの傾向に働きかけ、変えていくことを要求する。私たちの大きな不安に正面から向き合い、断絶の教えについて考えてみなければならない。

ただし、私たちが断絶の時のなかにいるのは、断絶がこの数十年来、ある種の自由の観念――または気まぐれや移り気の観念――と（うわべの見せかけで？）結びつきながら、日常生活の地平の内に刻み込まれているからでもある。夫婦関係は不安定になり、家族はカードゲームでもしているかのように組み替えられる。別れの苦しみとその重さは過小に評価されている。「同意」に基づいてお互いに離れていくことができるのだ。離別は統計上ありふれたことになり、何かしらの個人主義、各自の「幸福」と「自己実現」への要求を物語るものになる。労働の世界では、考え方の基本《パラダイム》を変えることが、とりわけ技術的革新の影響のもとで、一種の自然淘汰の基準となってきた。この本が刊行される時、技術変容について今挙げうる事例はすでに時代遅れになっていることだろう。状況に適応すること、フレキシブルであること、どこにもつなぎ止められず、遊動すること。ひとつの理解の枠組みから次の枠組みへと移っていくこと。新しい解釈コードを開発すること、そしてなにより世界を収益化すること。しかしそのためには、お荷物を切り捨てなければならない。自分の重荷になるもの、リズムについてこれない者は厄介払いしなければならない。現代において、断絶に容赦はない。

しかし、この時代の様々な断絶が目に見え、特定可能であるとしても、生活に裂け目が生じるのは今に始まったことではない。それはいつでも人々の暮らしを揺り動かしてきた。経歴のなかの分岐、穴、空白、漂流。そうしたものを知らない人生があるだろうか。目に見えない休止や、隠された裏切りについても語らねばならない。ドゥルーズが言うように、すべての人生は「方向転換、分岐、断絶、跳躍、伸長、発芽、休止をともなう、いささか気のふれたフレーズ(7)」ではないだろうか。時には、断絶を経験してはじめて、他のもろも

(7) Gilles Deleuze, *Critique et Clinique*, Éditions de Minuit, 1999, p. 77〔ジル・ドゥルーズ、守中高明、谷昌親訳、『批評と臨床』、河出文庫、二〇一〇年、一二五―一二六頁〕。

ろの断絶が見えるようになり、これに耐えられるようになる。どれほどしばしば、病いによって物の見え方が変わることだろう。病いがくっきりと拡大して見せてくれるものは、日常の生活のなかにもっと目立たない形で存在しているものだ。私たちの生活の不連続性、そしておそらく、さらに深いところでの私たちの同一性の不連続性。公に語られた生活史や自伝小説や日々の物語が、生活の凹凸をなめらかに見せるとしても、裂け目のない人生は存在しない。病いは、私たちの実存に穿たれるこうした穴に可視性を与え、痛みを際立たせる。ただし、それぞれの人はこれを、しばしば秘かに、恥辱とともに体験していることを知っておかねばならない(8)。生は、きれいにたどることのできる線やはっきりとした道筋や宿命などによって作られるような、論理的で一貫したものではない。生はもっと不明確で、予見不可能で、不確かなものであり、うかうかしていたところに突然嵐が襲いかかり、悲劇が刻み込まれ、反復され、ついにはありふれたものになる。

本書において私は、これまでの著作と同様に、断絶と再開についての単純で前向きな読解をまずは取り払い、頑固にまたは信念をもって、オプティミスムへの誘惑に抵抗しようと思う。人はそこに新たな生活、まっさらなページ、失敗を知恵に換え、財産とし、経験となすことで事後的に価値を付与する機会を見ることを好むだろう。失敗によって授けられる美徳があるのだと。だが、本当にそうだろうか。断絶は時に、ただの無駄、勇気の欠如、怠惰でしかない。夫婦や家族や友情や政治やプロジェクトの破綻を確認すること。その時、失敗はしばしば、失敗そのもの、貧相でがっかりとさせるような、ただのやり損い以外の何物でもない。ほとんどの失敗は私たちに何も教えない。それどころか、往々にして私たちは、それが避けがたいものであるかのように、同じ失敗のぬかるみにはまり込み、しかもその失敗の反復に逆説的な歓びを感じ、ほぼそれに安堵する始末なのだ。その点は、精神分析学が私たちに教えてきたところである。自分のまわりにあるほんのわずかな実例がそう思わせてくれるように見えるとしても、経験が自己を高めてくれるのだという期待

（8）オリヴィア・ローゼンタールがアルツハイマー病から着想を得た著作『消えるためにここにいるんじゃない（*On n'est pas là pour disparaître*）』（Verticales, 2007, p. 76）で見事に述べているように。「人生の歩みを再現するためには、人生を形作っている偶然、裂け目、破綻を考慮しなければならない。断絶、破綻、裂け目は公式の生活史の内には必ずしも読むことができない。人生は実際には穴だらけで、平坦ではないものだ。Aという病に冒された者ならだれでもよく知っているように」。

を抱くのはやめた方がよい。「ギリシャの自然学者以来、人生は試みと失敗によって学ばれていくのだと信じるのは、哲学者だけである」[9]。私は、新たな冒険を前にした時、これまでの数々の失敗によって昔よりも鍛えられているというわけではなく、同じ横道に再び迷い込んでしまうかもしれない[10]。私はついに何も学ばなかったということはありうるのである。

（9）Mathieu Potte-Bonneville, *Recommencer*, Verdier, 2018, p. 35.

（10）*Ibid*., p. 37：「新しい出発はそのたびに、自分が背後に残してきたと思っていた、始まりの頃の自分の足踏みの音を呼び覚ます」。

訳注（序章）

〔一〕rupture とその動詞形である rompre は、語源としてラテン語の rumpere に通じている。ロベール社の『フランス語語源辞典（*Dictionnaire étymologique du français*）』（一九七九年）によれば、rumpere は「briser violemment（暴力的に破る、引き裂く）」ことを意味する。

〔二〕身体的存在としての自己が感覚の主体としてあり、その客体としての世界が外部にあるのではなく、「私の身体」は世界の内に存在し、そこに属しているのだとメルロ＝ポンティは論じる。この自己の身体と世界との相互浸透的な関係を指して、彼は「私の身体が世界と同じ肉から成り立っている」と言う。「私の身体たるこの肉は、世界によって分け持たれ、世界はこれを反映し、世界はこの肉へ、肉はこの世界へと足を踏み入れ（…）それらが互いに犯し合い、あるいは跨ぎ越し合う関係にあることを意味する」。それは、私の身体が世界と同様に、私によって知覚されるものであることを意味する。「身体のおのれに触れおのれを見る」ことによって「おのれの身体」は「おのれ」に対して披かれ、かつ、隔てられる〔訳書、四一〇―四一一頁〕。これに対して、「世界の肉」はたしかに「おのれを感覚する」ことがない。にもかかわらず、これを「肉と呼ぶ」のは、「これがさまざまな可能性を孕んで」いて、「絶対的な意味では客‐観（ob-jet）ではない」（同、四一二頁）からである。自己の身体は世界の肉を通じて理解されるのであるが、その世界の肉とは自己によって見られた「存在」の一部である。世界は即自的な同一性をもって外部にあるのではなく、私によって知覚されるもの（イマージュ）としてあるのだ（Maurice Merleau-Ponty, *Le visible et l'invisible*, Editions Gallimard, 1964〔モーリス・メルロ＝ポンティ、中島盛夫監訳、『見えるものと見えざるもの』法政大学出版局、一九九四年〕）。

〔三〕ここで念頭に置かれているのは、ディディエ・エリボンの『ランスへの帰郷』（Didier Eribon, *Retour à Reims*, Librairie Artheme Fayard, 2009〔塚原史訳、みすず書房、二〇二〇年〕）である。エリボンは同性愛者で、ゲイ・レズビアン研究の論客として知られるジャーナリスト・哲学者であるが、本書では「性的同一性」の問題ではなく、むしろ「階級的出自」をテーマとして自らの人生をふり返っている。彼は、一九五三年にフランス北東部の古都ランスで最底辺の労働者の家庭に生まれるが、その階層の子どもとしては珍しくリセに進学し、地元の大学を経て、パリに出てゆく。その後、雑誌の文化記者となり、レヴィ＝ストロースやフーコーやブルデューらと交流し、著作を刊行し、大学の教員となる。『ランスへの帰郷』に語られるのは、地方の下層階級からパリの知識人階層に「上昇」を果したディディエの生活史であるが、その「成功」の道がいかに苦いものであったかを、この本は生々しく伝える。一方で、自分が生まれ育った社会的世界への嫌悪、そこら抜け出すことで自分だけが助かろうとするエゴイズム。他方で、自らの身に刻印された階級性（ハビトゥス）の自覚、それに対する嫌悪と自己否定。都市の、ブルジョアの、学校的世界のいたるところで、自己の出自に対して向けられる「侮蔑」のまなざし。そのなかで彼は、自分自身が「生まれ育った環境を恥じる気持ち」を覚え、「自分の階級的出自について、私は彼らによくちょっとした嘘をついたし、彼らの前で出自を告白することに深い困惑を感じた」と言う〔訳書、一四頁〕。パリでの地位を確立したのち、ディディエは長く家に帰ることがなかったのだが、父の病い（アルツハイマー病）をきっかけとしてランスへと「帰郷」する。それは、自己を形作った環境、にもかかわらず自らそのつながりを断ち切ることで生きてきた世界との両義的な関係に直面する経験であり、その階級に対する「連帯感」を抱きつつも、明らかに異質なものとなってしまった「彼らのふるまい」との距離感に困惑する場面であった。

〔四〕「存在の習慣（habitude d'être）」は、フラナリー・オコナーの著作『存在することの習慣』（Flannery O'Connor, *The Habit of being: Letters of Flannery O'Connor*, 1979〔横山貞子編訳、『存在することの習慣　フラナリー・オコナー書簡集』、筑摩書房、二〇〇七年〕）から取られている。フラナリー・オコナー（一九二五―一九六四）は、アメリカの南部ジョージア州で育った作家で、短編小説の名手として知られる。『存在することの習慣』（一九七九年）は、作家の死後に、遺された手紙をサリー・フィッツジェラルドが編集した書簡集であり、表題は編者によるものである。フィッツジェラルドによれば、オコナーはジャック・マリタンの『芸術とスコラ哲学』という著作から「芸術の習慣」という考え方を学んでいた。ここでの「習慣」は「単なる機械的日課」ではなく、「精神の姿勢または特性、真の芸術家にとって欠かせない才能としての習慣である」〔訳書、一四頁〕。オコナーは、書くという行為のなかで「芸術の習慣」を身につけようとするとともに、その生活のなかで「自分の形づくった信条に従って生きてゆく」「すぐれた習慣」を獲得していった。これをフィッツジェラルドは「存在することの習慣」と呼んだのである。訳語は本書の文脈にそって「存在の習慣」とした。

〔五〕「逃げ延びる」は se sauver（自らを救う）を、「逃げて生き延びる」は à la fois fuir et sauver sa peau（逃げると同時に、自らの命を救う）を訳出した。peau の原義は「皮膚」であるが比喩的に「命」を指すことがある。本書では、第七章でも、この両義性を用いて生命と肌のつながりが論じられている。

〔六〕rupture（断絶、別れ、切断……）の動詞形が rompre、その受身形が rompu であり、「断ち切られた」「折れた」「砕けた」などと訳されうるが、rompu à で「～に慣れた」「熟達した」という意味をもつ。

〔七〕ニーチェ『反時代的考察　第二篇』は「生に対する歴史の利害について」と題されている。ここでは、「一切の過去を忘却して」「現在」を生きている「動物」との対比において、「人間」が歴史的存在、歴史に支えられ、歴史にとらわれる存在として位置づけられる。「動物は全く非歴史的であり、ほとんど点のごとき視界のうちに住み、しかも或る種の幸福をもって、少なくとも倦厭《ゲシヒテ》と伴《いつわ》りなしに生きている」。これに対して「過ぎ去ったものを生のために使用し、また出来事をもとにして歴史を作成する力によって初めて、人間は人間となる」（訳書、一二七―一二八頁）。しかし、「歴史」は時に、「生」を養い人間の活力を高めることに奉仕するのではなく、「人格性」を弱め、現代が他の時代よりも優っているという空想をもたらし、個人の成熟を妨げ、同時に自らを過去の「後継者」であり「亜流」であるという意識を植えつけ、虚無主義に導く（同、一六一頁）。「歴史」が「過剰」なものとなって「生を害する」ことが起こるのだ。この病める状況――「歴史病」（同、二二六頁）――を克服するために、一面では「非歴史的」な生き方、すなわち過去を「忘却」し「自らを限られた視界のうちに閉じ込めること」が必要であり、他面では、「超歴史的」なものへのまなざし、すなわち「永遠であり同じ意味をもち続けるもの」に目を向けることが求められる（同、二二六―二二七頁）。「歴史主義」の悪弊に抗して「生」の充実を図らなければならない。そのためには、時に「歴史」を断ち切らなければならない。「人間は生きうるためには過去を破壊し解体する力をもち、この力を時々適用しなくてはならない」（同、一四八―一四九頁）ないのである。

キルケゴールが『反復』において語ったのは、一人の女性を愛し、その女性からの愛を勝ち得、恋人となったにもかかわらず、彼女との関係の持続に欺瞞を感じてしまった男の話である。男はこの関係を断ち切って失踪する。常識的には理解しがたいこの行動において何が起こっていたのかを、男は「書簡」として書き綴り、語り手に送り届ける。自らの実生活のなかでも婚約を破棄し、その相手の女性に嫌われるための長い書物を記したキルケゴールが、その切断の行為において生じたことを捉えようとする不思議な書物である。その表題となっている「反復」という概念には様々な解釈がありうるが、単に同一の出来事がくり返されるということではなく、むしろ、「人間がその真の状態に復帰すること」（『哲学事典』、平凡社、一九七一年、一一三〇頁）、「本来的なキリスト教的実存に立ち返ること」（『岩波　哲学・思想事典』岩波書店、一九九八年、一三〇五頁）を指す。それは、時間的持続のなかには現れない「永遠」なるものが現出する「瞬間」の出来事であるとも解釈される。「想起」は、かつてあったものを「かつてあったもの」として時間のなかに表象する行為であるが、「反復」は「現にあったものを、現にあるものとして生成させること」（小野雄介「キルケゴール哲学における反復の問題」、『茨城大学人文科学研究』、二〇一一年、三一頁）である。「反復」は、時間的連続の上に成立する現実の秩序を切断する行為であり、時間に抗して、これを超え出ようとする「超越的」な運動でもある。

第1章　自分自身に、そして他者に忠実であり続けることの不可能性

進んできた道が誰かによってあらかじめ敷かれた道であるように思え、自分自身が見いだしたことの結果でなくなってしまった時には、しばしば進路を変えなくてはならない。自分の頭で考えて、自分の心で感じて歩みを進めてきたのではない。私の行為が私を表し、私を定義づけるのであるが、同時にそれは、時に拘束的な形で私を縛りつける。私の行為が私の人格を規定するのであるが、同様に、できればそれを脱ぎ捨てたいと思うような人間を作り出してしまう。私の自由が、意に反して決定論的な効果を、さらには疎外の効果をもたらす。サルトルほど著名な人物ではなくても、他者の期待に囚われているという感

覚を抱くことがある。たとえ、その期待が、過去に自分が自由に行った選択から生じたものであったとしても。(1) 自由の逆説。人が明確な意識をもって、信念や勇気や喜びとともに選び取ったものが自分自身の首枷となるのだ。自分自身のかつての欲望が罠に姿を変える。その時、他者が自分に期待することを従順に為し続けるべきだろうか。それは一種の自己放棄となるだろう。ほんのわずかな変化をつけるだけで、今までずっとやってきたようにふるまい続けること。くり返しにうんざりして、歓びが消え失せても、なお。「新しいことに移る」必要を感じていたとしても、なお。それとも逆に、すべてを失うリスクを犯して、まったく別の場所に向かって思い切って身を投じるべきだろうか。

しばしば、忠実であることができなくなる。自分の友達や、愛する人や、家族や、自分自身に対して忠実であることが耐えがたくなる。忠誠が、もはや絆ではなく、自分の首を絞める縄となることがある。そんな時、「息がつまる」と人は言う。ずっと変わらずにいることは、もはや内的な欲望の帰結ではなく、うわべの作りとなり、自分自身であり続けようとして、もはや信じてもいない役割を保とうと努力して疲れ切ってしまう。その人はもう自分自身の影でしかない。そこに心は宿らぬまま、かつてのふるまいを反復している。その人はもう、かつてのアイデンティティの外部に、あるいは、もはや壊れてしまった関係の外に離れてしまっている。その人は、過去の自分を模倣している。ほとんど、その戯画として。『存在と無』でサルトルが論じたカフェのボーイのように、悲壮な模造品を演じているのである。その人は、実存的な意味において「欺瞞」[1]に充ちている。自分自身に嘘をつき、自分ではないもの、あるいはもはや自分ではなくなってしまったもののふりをしている。その人はもはや、漠然と自分自身をやっているだけだ。この生活のなかで自分が次第に弱っていく印象を抱きつつ、それを他人顔で見ている。今までの自分に忠実であることに多くの労を要し、生きていくことがそのつど虚偽をくり返すことになり、習慣化した自分の役割を引き受けることができなくなる。その時、人は逃げなければならない。

（1）これはサルトルが、一九六七年に政治参加がもたらす重圧について、カナダのテレビ局によるインタビューのなかで述べていることである。自らの政治的立場決定は彼を一定の役割の内に封じ込める。それによって彼は政治参加した知識人となり、そのラベルが彼にのしかかり、義務を負わせる。Madeleine Gobeil-Noël et Claude Lanzmann, *Sartre inédit. Entretien et témoignages. Entretien à la télévision Radio Canada* (15 août 1967), DVD, Nouveau Monde éditions, 2005.

約束を裏切らなければならない。

首枷を解き、あまりにも窮屈になってしまった生活から自分自身を解放するのは、時としてちょっとしたズレ、わずかな接触である。「物が弾け跳んだり、我々を弾けさせたりする。容れものが小さすぎて中身を詰め切れなくなる。食べ物には毒があり、害になる」(2)。

それまで私を養っていたもの、私を取り巻き守っていたものが私を憔悴させ、消尽させる。習慣はファルマコンである。長い目で見れば、薬はまた毒でもある。私を包んでいたものが私を圧迫する。私を抱きかかえていたものが私を絞めつける。人はこの、身の丈に合わなくなってしまったアイデンティティに苦しむ。生活が窮屈になり、すべてが足枷となってしまった暮らしのなかに押し込められている。空気が必要だ。文字通りの意味で、広い場所が欲しくなる。この拡張への欲望、「膨れ上がり、開かれること」への欲望は、地理的に、感情的に、職業的に、精神的に場所を変えることへの欲求として表れる。窮屈になってしまった自分の生活の箱から外へ抜け出さなければならない。その箱の大きさは決まっており、詰め込めるもののキャパは限られている。新しい何か、動き、可能なものが必要だ。つまり、生き生きとしたものが。

強い心理的な力をもつ出来事のせいで、同じままではいられなくなってしまうことがある。その出来事が自分の内にもたらす深い変容《メタモルフォーゼ》によって。その出来事が何かを開示する役割を負ってしまうことによって。私の心に触れる誰かと出会い、その人が自分のなかに生じさせた恋心や称賛の念が私を揺さぶってしまったあと、病気や事故のショックや大切な人との慰めがたい死別のあと、私は深いところで均衡を失い、かつての自分自身に忠実であり続けることができなくなってしまう。変わらざるを得なくなる。偽らずに真実を見ようとすれば、この内なる隔たり、内密の変化がどうしても姿を見せる。しかしまた同時に、その変化はふるまいの上に書き写され、経験されざるを得ないので、人々の目にも明らかになってしまう。周囲の人々が自分に対して抱いているイメージに忠実であることも、これまで通りの自分の役割を引き受けることもできなくなってしまう。私は、大きく変わってしまったのだ。

人が自分自身よりも強力なもの——情熱や苦しみ——に召喚され、囚われ、心を奪われ

(2) Gilles Deleuze, *Critique et Clinique*, *op. cit.*, p. 34〔訳書、五三頁〕。

てしまった時、そうして自己のそれを上回る力——愛や苦悩や悲しみ——に奪い取られ、再定義されてしまった時、その人はもはや、素直にそれまでの自分自身にとどまることができない。生き延びるために、今までとは違う誰かにならねばならないのだ。

その時、その人に愛着を抱き、その人を引き留めようとする者たちは何を為しうるだろうか。その人が自分の役割を担えなくなり、持ち場を放棄するタイミングを受け入れるしかないのだろうか。受け入れるということはつまり、そこに一時的な緩み以上のものを見るのだと覚悟すること、強い力で人を連れ去り、あるいは打ちのめし、内なる変形をもたらす出来事（病いにかかる、恋に落ちる、妊娠する）に対して、現に無力であることを認めるということである。

それを言うのはたやすい。しかし、本当に私は、その人がその人自身から離れていくのを、私の知る、私の愛する人とは別の誰かになっていくのを、そのままやり過ごすことができるだろうか。その人を失ってしまうかもしれないのに、こうして離れていってしまうのを、その人自身から遠く抜け出してしまうのを許すことができるだろうか。そうではなく私は、その人を自分の傍に引きとめ、それまでと同じ存在で居続けさせ、その人がもはや望んでいないアイデンティティ、それに耐えることもそこに身を落ち着けることもできないそのアイデンティティの内に封じ込めるために手を尽くして、道義（約束）や感情や記憶に訴えようとするのではないだろうか。おそらく、どんな策を使っても、その人がそう生きるべきだとすでに信じてしまった生活を送ることを妨げるにはいたらないだろうけれど。

別の誰かになることがその人自身に及ぼす暴力と、その変貌が親しい人々、その人に「愛着を抱いていた」すべての人に及ぼす暴力の双方について語らねばならない。断絶は人々を、その意に反して引き離してしまう。時には、同じ人だと思えなくなるほど、人柄が変わってしまうことがある。すっかり様変わりしたこの若者が、自分の子どもなのだろうか。排外主義政党を支持しているこの男が、自分の兄弟なのだろうか。私が好きだった人のいた場所で、似たような姿を見せている、この見知らぬ人は一体誰なのだろう。グレゴールの部屋にいる、この虫は誰だろう。(3) ブーメラン効果で、自分自身の盲目性に対する

（3） *Cf.* Kafka, *La Métamorphose*, Gallimard, coll. « Folio », 1989［カフカ、池内紀訳、「変身」、『カフカ小説全集4 変身ほか』、白水社、二〇〇一年］。

疑問が湧き起こる。この人の傍にずっといた私が、どうしてこれほど、この人だと分からなくなってしまったのだろう。別の誰かになるという可能性と自由は、愛と情動の幻想をつらい形で暴き出してしまう。近くにいて、自分のものだと思っていた。愛する人のことはすべて見ているつもりだった。それが幻想だと思い知らされてしまう。よく分かっているというのは、時に印象でしかない。他者はいつでも私たちを驚かせ、動揺させ、想像もつかないようなことを言ったり行ったりして、呆然とさせることができる。他者は私のものでないばかりでなく、いつでも純粋な驚きになり、不安なよそよそしさを備えた、まったく別の誰かになることができる。

時として、主体のこのような変容は解放である。時としてそれは、自分のなかに浸透してくるものに身を任せることである。亀裂が広がっていく。抗うことができなくなっていく。断ち切ること。仲間たちと別れ、仕事を辞め、故郷を離れること。それは、自分自身の契約、約束、忠誠心を凌駕する力に身を委ねる権利を自らに授けることである。その役になり切れない誰か、役を保ち続けることのできない誰かのふりをすることをやめること。できれば、ずっと忠実であり続けたい。けれど、私にはもうその力がない。私は、その強度によって自分を生につなぎとめる別の何かを必要としている。できれば、自分の近しい人々が知っていた、そして愛していた人間のままでありたい。けれど、病いが私を変形してしまった、襲撃でめちゃめちゃになってしまった、親しい人の死で消耗してしまった、亡命生活でぼろぼろになってしまった。私はもはや、しばらくのあいだ、あるいはこの先ずっと、今までの私であることができない。違う何かが私のなかに入りこんでしまったのだ。その何かが、自己への、そして他者への忠実さを、茶番劇《コメディ》に変え、欺瞞に変えてしまったのだ。

私は、試練を経験する前の気楽さを保つことができない。侮辱の言葉を聞かなかったかのように、攻撃を受けなかったかのようにふるまうことはできない。自分が失ったものがあることを否認できない。身軽さ、信頼、未来に向けての跳躍。ある出来事が自分のなかに侵入し、私の人格の内なる均衡を変えてしまったことなどなかったかのようにふるまうことはできない。外傷的な出来事は時に昔のことであるが、状況の変化によって突然、再び活性化する。子どもの誕生、仕事上の新しい責任、旅行、誰かとの出会い。それによって生じたずれが主体のバランスを崩し、狂ってしまった羅針盤のようにくるくると回り続ける。そうなってしまえば、古い蓋をしたままにしておくことはできない。

　私はもう、近しい人々や友人たちの信頼や忍耐に見合うようなものではない。私は負債を負っていると感じている。しかし、この負債は清算のしようがない。私は、人々が期待する通りの者ではないし、この先もそうありえないだろう。私は他の様々な感情、欲求、依存関係の力に対して何もできない自分を見いだす。しばしばそれは、私が自分のなかの悪魔に屈して破壊の論理にはまり込んでしまいかねない、ということを意味する。断絶は、あまりにも無力な自分を発見して自らに深い失望をもたらす時には、苦痛なものである。できれば、人に期待される存在、自分自身の希望に見合う存在でありたい。失望し、自分自身に幻滅する苦しみ。自分がもう失望の源泉でしかないという思いへの羞恥の感情。「私は自分を偽った。前から分かっていたけれど[4]」と、エイミー・ワインハウス〔二〕は絶望的に歌っている。数年後、彼女は自らに死をもたらすことになる。そうなりたいと思う者になる力がないということは深い苦しみになる。断絶は時に、漂流への誘惑と結びつく。致命的な結末に至ると分かっていながら、否定の力を最後まで進めてしまうこと。その時には、自己を肯定することより「自分自身を去る[5]」ことが問われている。私たちの変容は、私たちのなかの暴力の痕跡、私たちを変形させ、そこから立ち直ることのできない侵入の烙印《スティグマ》である。不幸なことに、自らの内なる狂気、魔女の手引きをたどるために、それまでの自分や他者との関係を断ち切るということが起こる。すべての断絶のなかには、自己を見いだすことへの希望と、自己を失う危険とが存在している。

（4）Amy Winehouse, « You know I'm no good », *Back to Black*, Universal Records, 2006.
（5）社会学者ダヴィッド・ル・ブルトンが『自分自身を去る』において見事に論じたように。David Le Breton, *Disparaître de soi*, Métailié, 2015.

訳注（第1章）

〔一〕『存在と無』（*L'Être et le néant*, 1943〔ジャン＝ポール・サルトル、松浪信三郎訳、『存在と無　現象学的存在論の試み』、人文書院、一九五六年〕）第一部・第二章においてサルトルは「自己欺瞞」について論じている。サルトルによれば、「人間存在」は「自己に対して否定的態度をとりうる存在」であり、「意識が否定を外に向けるのではなく、自己自身に向けるような」態度が「自己欺瞞（la mauvaise foi）」（訳書、第一分冊、一五一—一五二頁）と呼ばれる。自己欺瞞は、自己に対する虚偽、自分自身に嘘をつくことであるが、それは他者と共にあることから生じる当たり前の現象でもある。「私の存在、他人の存在、他人にとっての私の存在、および私にとっての他人の存在」を前提として、人は自己を偽り、「他者に対して隠されたもの」（同、一五六頁）として意識は存在する。自己への誠実さ（sincérité）を規範として置けば、「自分がそうあるところのもの（即自）」が「自分にとっての自分（対自）」と一致し、それがそのまま「他者にとっての自分（対他）」として現れることが理想になる。しかし、人間はそのようにして存在しうるのだろうか。例えばカフェのボーイは、いかにもそれにふさわしい身のこなしによって働き続けているが、「彼のあらゆる行為は、われわれにはまるで遊戯のように見える」。「彼は演じている。彼は戯れている。しかし、いったい何を演じているのであろうか。それを理解するには、別に長くボーイを観察する必要はない。彼はカフェのボーイであることを演じているのである」（同、一七七頁）。このようにして、彼は必死にカフェのボーイの「類似物（analogon）」となることで、その身分を実現している。彼は即自存在として「カフェのボーイ」であるわけではなく、「自分がそうではないもの」というあり方において「ボーイ」として存在するのである。

〔二〕エイミー・ワインハウス（一九八三—二〇一一）は、イギリスのシンガーソングライター。二〇〇三年にアルバムデビュー。二〇〇八年にグラミー賞の主要部門を含む五冠を獲得するなど、将来を嘱望されていたが、二〇一一年ロンドンの自宅で遺体で発見され、死因はアルコールの過剰摂取ではないかと言われている。「ユー・ノウ・アイム・ノーグッド（You know I'm no good)」は二〇〇六年の作品。アシフ・カパディア監督によるドキュメンタリー映画『AMY　エイミー』（二〇一五年）は、二〇一六年の第八八回アカデミー賞長編ドキュメンタリー賞を受賞している（【エイミー・ワインハウス】早世の天才シンガー／代表曲と波乱の人生をふり返る――ARBAN (arban-mag.com) 他を参照)。

第2章　愛する人との別れ

ふたりの生活が好ましくて、別れは病んだ出来事だなんてことは証明されていない、まったくのところ。[1]（ヴァンサン・ドゥルクロワ）

別れたあとに、今も、かつての恋人たちが共有する感情が残されている。二人のアイデンティティに深く触れる、内密な感覚のかけら。自分の意思でそう決めたのだとしても、そうせざるを得なかったのだとしても、別れは自分が何者なのか、何者だと思っていたのかを問いただし、自分を動揺させ、再検討をせまる。別れについて、これは失敗だっ

（1）Vincent Delecroix, *Ce qui est perdu*, *op. cit.*, p.106-107.

た、ひどい無駄だったと感じることもあれば、反対に必要なことなのだと感じることもある。意に反しての別れであっても。苦しんでいるとしても。この決心と、決心を形にするふるまいのなかには、もはや沈黙させることのできない内なる真実が表現されていることが分かる。今まで通りにとどまってしまったら、自分のなかで動き出した変容の力を否認することになるだろう。今までの自分に忠実であること――かつて愛されていた自分という人間に忠実であること――はもはや不可能である。なぜなら、もう心の内で断ち切られているのだから、別の何かによって、かつての自分がもう自分自身にはよそよそしいものとなってしまったのだから。新たな愛の対象――女、男、子ども、作品――、また別の情熱――稼ぐこと、成功すること、誘惑すること、創造すること――が、恋人のあいだに差し込まれ、隔たりを、距離を生みだしてしまった。幸福なものであれ悲劇的なものであれ、内密に自己の感覚を揺さぶり、生活の軸を傾け、情動を形作り直す。この秘かな振動はそれだけにはとどまらない。自己定義の深層からの動揺はおそらくずっと前から続いていたのだ。罅、自己への懐疑はすでに存在していて、その裂け目に呼び寄せられて、他なるものが流れ込んできたのだ。

こうした見方に立って、しばしば、愛する人との別れが自分の本当の姿を自分自身に開示するのだと語られる。破局は内なる真実の表現、古いアイデンティティとも、すでに交わされた約束とも両立しない、新しいアイデンティティの肯定なのだと。濃密な感覚（「自分が生き生きとしている」）は、本来の自分を保っていること、自己との一致を示す明らかなしるしなのだと。だが、新しい生活への陶酔は、自分のアイデンティティの発見ではなく、その放棄に結びついているのかもしれない。

時に人は、自分自身であることへの疲れから、もうこのまま変わることもないのかと思ってしまう今の暮らしの重さから解放されるために、別れようとするのではないだろうか。手書き《カリグラフィ》の文字は解き放たれた存在の美しさ、その繊細さと優美さを物語る。今よりももっと濃密な生への希望によって、別れを選ぶ人の幻想の身軽さ。失望を誘う、けれどどうしようもなく自分自身のものであるこの姿を逃れるために、私は今の恋人から離れようとするのではないだろうか。まるで、その人との関係が自分を貧相にしてしまったのだというように。ミシェル・ビュトールが、『心変わり』で語っているのはそれである。中心人物レオン・デルモンは、小説では二人称の「きみ」と呼ばれるのであるが、彼は、イタリア人の愛人セシルのために、妻アンリエットと別れようと考える。別れは彼にとって、はじめは新しい生活の可能性であるように見える。「別れは急を要することだった。もうあと何週間も待っていたら、何もかも失ってしまうだろうから。それは、色褪せた地獄が再び出口を閉ざしてしまうということだ。そうなればきみは、もう二度と勇気をもてないだろう。今ようやく解放が近づいている。素晴らしい年月が(2)」。

ローマへと向かう彼の最後の旅を形容して、語り手は「逃亡」と呼んでいる。しかし、その旅路のはじめからすでに疑念が居座っている。不全感は、妻との関係の質に由来するのではない。場所を変え、相手を変えればそれを消し去れるわけではない。亀裂は夫婦関係のなかにではなく、彼自身の内にある。

この旅は解放であるはずだった。若返り。きみの体と心の大掃除のはずだった。その恵みと興奮をとうに感じていてもいいはずではないか。なのに、きみをとらえる、この倦怠感はなんだ。ほとんど不快感と言ってもいいような。緩むことのない緊張のなかで抑え込まれて、何か月も何年ものあいだに蓄積してきた疲れが、今になって仕返しをして、きみが我が身に与えたこのヴァカンスに乗じて侵食してきたのだろうか。大潮が、堤防のわずかな罅につけ込んで、それまでその壁によって守られていた土地を塩水で浸し、不毛にしてしまうかのように。(3)

この最後のパリ－ローマの往還は心の移り変わりの場となり、別れようという決心が反転する。「秘かな変容」、「照明の変化」、「事実の自転」(4)。ローマの街と新たな生活の幻想がイマジネールを配置しており、イタリア人の愛人はその一要素でしかない(5)。彼女の美しさは、この欲望の配置から外れてしまうと、たちまち色あせてしまう。パリの生活の日常の

(2) Michel Butor, *La Modification*, Éditions de Minuit, 1990, p. 24〔ミシェル・ビュトール、清水徹訳、『心変わり』、岩波文庫、二〇〇五年、三一頁〕。
(3) *Ibid*., p. 23〔訳書、二九―三〇頁〕。
(4) *Ibid*., p. 236〔訳書、三七〇―三七一頁〕。
(5) *Cf. ibid*., p. 238-239 :「きみがセシルを本当に愛しているのは、彼女がローマの顔、ローマの声、ローマの誘いであったからに他ならない」〔訳書、三七四頁〕。

なかに落ち着いてしまったら、セシルはどうなってしまうのだろう。アンリエットとさして違わないことになるのではないか。まったく新しい生活は、結局のところ、古い生活の転調に過ぎないのではないか。妻と別れることで、根本的に新しい生活を生みだすことはできるのだろうか。何から、誰から、私たちは本当に自分自身を作り直すことができるのだろう。

より深く、そしておそらくはより劇的に、人は自分自身から逃れることを望んで別れを選ぶことがある。その時、別れは解放であるように見える。もう、今までの自分じゃない。その時別れは、内的な真実の探求というよりも、空虚の誘惑、自己を消去または否定することの喜び、消滅のなかの自由に近いものになる。私が逃れようとしているのは、今までの恋人ではなく自分自身なのだ。その人の愛が私にひとつの現実を強い、私をそこにつなぎ止め、そこに刻み込んでいる。私はその現実から抜け出したいのだ。その時私は、我を忘れさせるような愛の形へと向かう。溺れてしまうほどの水の流れに身を投じるように。愛する人との別れにおいて、別れを選ぶ者は、蛇が古い皮を脱ぎ捨てるように自分の今までの生活を捨てていくのだと、しばしば想像される。しかし、本当に軽やかな気分で去っていく人は稀である。別れる人はしばしば、自分が置き去りにした人と同じように、断ち切られた存在なのである。

堡塁を築くために、「空白を埋める」[6]ために、新しい恋をあてにする。しかし、「亀裂」は自分自身のなかにあり、何ひとつこの内なる脆さを補強してはくれない。[7]愛の情熱は、裂け目をふさぐどころか、その裂孔をさらに広げてしまった。レオン・デルモンがついに認識するにいたるのは、そのことである。彼が自らの実存的不安を鎮めることができるようになるのは、一人の女、理想化された他の場所の相貌ではなく、自分自身を頼みにすることによってである。感傷的な往還の道程を綴ることによって、彼はそこからひとつの意

(6) *Ibid.*, p. 274-276：「自分の土台を強固にしようとするこの努力のなかで、私の日々のすべての血、すべての砂が、虚しく私を消耗させていくだろう」〔訳書、四三四頁〕。

(7) *Ibid.*, p. 240〔訳書、三七六頁〕参照。また p. 276〔訳書、四三四頁〕も見よ。「しかし、［この巨大な割れ目が］露わになってしまった今、それが癒合するとか、それを忘れることができるといった期待を抱くのは、もはや私には無理である。それは、ずっと前から私のなかにあった空洞に通じているし、その空洞こそ割れ目の生じた理由なのだ。私はそれをふさぐふりをすることはできない。それは、長年来の巨大な亀裂との通路なのだから」。

味を引き出していくのである。

捨てられてしまった者に課せられる試練もまた、愛についてのいくつかの真実を教えてくれる。断ち切られてしまうものがあるとすれば、それはもちろん、まず何より心理的な次元のことである。失恋の痛手、自己愛の傷。愛する人との別れは、自我を測る物差しの破壊である。「あなたの姿は風景のなかのほんの小さな細部のように見えなくなってしまった」[8]と、ルー・アンドレアス・ザロメは別れの手紙のなかでリルケに書いている。愛する人によって発せられた、あるいは書き記されたこうした言葉を前に誰が平然としていられるだろうか。別れの言葉のなかにある真実とは何だろうか。『選ばれた女』の主人公アリアーヌは「すべての女たちの救いになる女」なのか、それともただの「愚かな女」なのか。作家フィリップ・フォレストに言わせれば、それを気にかける必要はないのだ。「愛においては、結局のところ、人が語ることは常になんでもいいのであって、決してなにも意味してはいない」[9]。愛の告白にそれほどの意味はない。では、愛の終わりを告げる言葉はどうだろうか。反対に、それは完璧な真実なのではないだろうか。それは、あまりにも大きな真実とともに、人が人を欲することをやめてしまう理由を語っているのではないだろうか。私が残酷なその言葉に苦しむとすれば、それは、ほとんど欲望に値しないその人物像に自分自身の姿を認めるからではないだろうか。私が恐れ、そこから逃避しようとするのは、私自身ではないのか。私はその姿を自分自身に隠そうとしているのだが、相手は私の本当の有様を告げ、その姿を露わにしてしまう。

ヤン・アンドレアへの別れの手紙のなかで、マルグリット・デュラスは、自分のかつてのパートナーには人を愛する力がないことを指摘している。おそらくそれが、別れの言葉をひどく苦いものにしている。動揺を誘うほどの鋭さで、その言葉は、人が自分自身に対して隠しておこうとしているこの欠落、この弱さを強調してしまうのだ。

（8）ルー・アンドレアス・ザロメからリルケ宛の手紙、一九〇一年二月二六日。Lou Andreas-Salomé et Rainer Maria Rilke, *Correspondance*, Gallimard, 1985.

（9）Philippe Forest, *Le Nouvel Amour*, Gallimard, 2007, p. 127.

もしもあなたに愛する力があったなら、すべては可能だったでしょう。歩くことができるように愛することができたら、ということです。あなたが決して語らない事実。私をひどく傷つけたこと。それもそのことに由来しています。語るべき、語らねばならないこの欠落に。その力がまだ形をなしていないだけなのかもしれません。そう私は願っています。あなたは意地悪な人ではありません。私の方があなたよりずっと意地悪です。でも、私は同時に、自分のなかに愛をもっています。人を愛するための、かけがえのない特別な資質を。あなたはそれをもっていません。そうしたものがすべて取り払われているのです[10]。

明るみに出されているのは、私たちの内なる砂漠、私たちが隠しこもうとしている深層の空虚に結びついた根本的な不安である。おそらく、自分が見捨てられるのは、今の自分がこうであるからではなく、むしろ、自分がそうなりえていないことのためなのだ。相手の欲望に応えていないから、しかしまた同時に、その欲望に見放され、すっかり虚ろなものになっているから。それが自分を形作るものになるはずだという願いから、それでもくり返し自分に向けられる、この欲望の空洞。恋人であった人が剝き出しにしてしまったもの。それは、この欲望がごまかしてきたことであり、幻想を保つことのできない自分の無力である。愛はもう存在しない。だがおそらく、本当は一度も存在したことがなかったのだ。去っていく者は、結局のところ、相手が期待されていた嘘偽りを演じることができなくなってしまったことを非難しているのである。別れの手紙、あるいは別れの場面は、悲劇的な口調で、この不安を誘う空虚を記しているのである。

それでも、その試練に慣れていく人もいる。捨てられてしまったがために、さまざまな衝撃をより大きな容量で受け止めることができるようになる。物理学で「リジリエンス」と名づけられる力を蓄えることができるのだ。自分を見捨てていく彼あるいは彼女の狭量な態度が、自分を動揺させることがなくなる。小説『ハイ・フィディリティ』の冒頭で、ニック・ホーンビィは、別れに慣れてしまった男を登場させている。

(10) マルグリット・デュラスからヤン・アンドレア宛の手紙、一九八〇年一二月二三日。

忘れることのできない五つの別れ。僕の永遠の無人島。年代順にあげれば、次の通り。(1)アリソン・アッシュウォース、(2)ペニー・ハードウィック、(3)ジャッキー・アレン、(4)チャーリー・ニコルソン、(5)サラ・ケンドリュー。

彼女たちとの別れは、本当につらかった。でも、ほら、君の名前はこのリストにはないんだ、ローラ。(…)言いづらいことだし、君を苦しめたくはないんだけど、でも実際に、僕らはもう心を痛めるほど若くはないし、むしろ良いことなんじゃないかな、だからこのことはそんなに深刻に受け止めないで。(…)僕のことを本当に落ち込ませたければ、もっと若い時につきあってみるべきだったんだ。[11]

自分を棄てていくという決断を深刻な判断ミスと見なすことによって、自分を慰めることもできる。ヴァンサン・ドゥルクロワがその見事なキルケゴール的小説『失われたもの』に描いた不幸な主人公のように、アイロニーによって、愛の絶望から救われる人もいる。「君がいなくなって、僕は(…)呆然としてしまった。不意打ちだったし、僕のことはどうでもいいんだって分かったからね。でもそれ以上に、つくづくセンスがないやり方だって思ったよ[12]」。

だが、時に別れは人を破壊する。J－B・ポンタリスが彼の患者のひとりについて語っているように、壊れてしまいかねないのだ。「自分の愛していた人が突然に去って行ってしまった時に陥ることのある、崩壊寸前の状態に彼はいる[13]」。

別れには犠牲が必要であるかのようだ。捨てられた人は、壊れてしまうことがある。次の新しい愛が生まれつつあるという予感さえあれば、なんとかなるのだけれど。愛の終焉による呆然自失の様を、『ロル・V・シュタインの歓喜』がきわめて正確に描き出している。ある出会いの場面、それは同時に別れの場面でもあるのだが、そのなかでマルグリット・デュラスは、「歓喜」の瞬間を示す。ロルが、自分の目前に生まれ、そしてすでに彼

（11）Nick Hornby, *Haute fidélité*, 10/18, 1995, 冒頭〔ニック・ホーンビー、森田義信訳、『ハイ・フィデリティ』、新潮文庫、一九九九年、九頁〕。
（12）Vincent Delecroix, *Ce qui est perdu*, *op. cit.*, p. 28.
（13）J.-B. Pontalis, *Marée basse, marée haute*, Gallimard, coll. « Folio », 2014.

女を打ち壊している愛に「魅入られ」、命を奪われ、呆然と固まってしまう瞬間。それは、〔二〕夫であるマイケル・リチャードソンが、出会ったばかりのアンヌ＝マリー・ストレッテルを愛してしまう瞬間である。ロルは、ほんの数秒の内に起こる変容に気づく。彼女は夫が、目の前で、ほかの女と恋に落ちるのを見てしまう。抗いがたい魅力を感じていることを夫は隠す術がないことが、彼女には分かってしまう。運命のように訪れたこの瞬時の一撃で、夫が別人になっていくのが見える。

彼はまったく違ってしまっていた。誰の目にも分かることだった。彼はもはや、みんながそう思っていた人ではなくなっていた。ロルは彼を見ていた。彼が変わっていくのを見ていた。（…）何ひとつ、どんな言葉も、世界中のどんな暴力も、マイケル・リチャードソンの変容を説明しないだろうと思えた。こうなれば、行きつくところまで行くしかないだろう。それはすでに始まってしまっていたのだ。マイケル・リチャードソンの、なしとげられるべき新しい物語が。こうして見えてしまったこと、その確かさは、ロルのなかで苦しみをともなうようには見えなかった。（…）彼女は、事の成り行きをじっと窺い、事の大きさと、時の進みの正確さを見守っていた。自分がこの出来事の到来とその成就の当事者であったとしても、ロルはこれほど魅了されることはなかっただろう。(14)

破局が自分の目の前で生じるのを見ている。星が落ちるのが見える。自分たちの物語の終わりと、新しい物語の始まりに立ち会う。新しい物語は、自分抜きですでに書き進められている。こうした経験のなかで、人は崩れ、剝がれ落ちる。自分が消えて、別の誰かが現れる。デュラスは、脅威的な愛の異変に対して、もう元には戻せない信じがたい出来事に対して感じられる逆説的な魅力を見事に語っている。別れはここでは「出来事」である。それは、時を加速させながらも、ロルを瞬時に固まらせ石像化するメドゥーサである。

(14) Marguerite Duras, *Le Ravissement de Lol V. Stein*, Gallimard, coll. « Folio », 1998, p. 17-18〔マルグリット・デュラス、平岡篤頼訳、『ロル・V・シュタインの歓喜』、河出書房新社、一九九七年、一三―一四頁〕:「タチアナは、彼らがすっかり老け込んだと感じた(…)三人とも、たっぷり齢をとり、何百年も、そのあいだ、狂人たちのなかで眠っていたかのように」〔訳書、一六頁〕。

「アンヌ＝マリー・ストレッテルが入ってきて、カウンターの植え込みの向こうに立った時、その出来事が彼女をとらえたその場所に、ロルはずっととどまっていた」[15]。愛は、あまりにも突然に、あまりにも暴力的に再配置され、人々をみな別人にしてしまう。彼らを狂った時間のなかに投げ込み、それがロル・V・シュタインを壊してしまうのだ[16]。

自分自身を破壊する出来事をなすすべもなく見つめていること、自分自身の死の署名の証人となること。マルグリット・デュラスが言うように、「ロルは生まれつつある愛に立ち会ってしまった。この上なく完璧に事態に立ち会ってしまって、ついには自分自身の姿を見失ってしまったのだ[17]」。デュラスにとって、この場面、この生まれつつ愛の光景は、ロルの自己の消去である。ロルは「彼女にとって致命的なアンヌ＝マリー・ストレッテルの知性のなかに入っていく[18]」。この小説は、主体の放棄を描いている。デュラスによればそれは、他の女の場所を奪い取ることによって一人の女が実行する「殺人」なのだ。ロルは、マイケル・Rが彼女に向けていた愛の消失によって破壊されてしまう。あたかも、この愛の消滅と同時に存在することをやめてしまったかのように。そこにはもはや、本当の意味でロルはいない。デュラスによれば、「主体なき苦しみ[19]〔二〕」だけがあるのだ。ロルが不在になってしまったかのように、「魅入られて」、この世界から退出してしまったかのように。彼女はもうこの世界を、半透明の、幽霊のごとき存在としてしか横断しない。この根源的な状況、愛の終焉が棄てられた人に及ぼす極端な効果のもとで、主体は自らを投げ出し、自らに対して不在となる。人はもはや「自らの苦しみを苦しむ(20)」ことができるようにさえ見えない。もはや、言葉のいかなる意味でも、自己評価をすることができないからだ(21)。

(15) *Ibid.*, p. 20〔訳書、一六頁〕。
(16) *Ibid.*, p. 19-20〔訳書、一五―一七頁〕。
(17) Caroline Champetier, « Maruguerite Duras », *Un siècle d'écrivains*, nº 90, France 3, 18 septembre 1996.
(18) Marguerite Duras, *La Couleur des mots. Entretiens avec Dominique Noguez, Autour de huit films*, Édition critique, Benoît Jacob, 2001, p. 71〔マルグリット・デュラス、ドミニク・ノゲーズ、岡村民夫訳『デュラス、映画を語る』、みすず書房、二〇〇三年、六一―六二頁〕。
(19) *La Ravissement de Lol V. Stein*, *op. cit.*, p. 23〔訳書、二〇頁〕:「人々が言うには、その時のロルの虚脱状態には苦痛のしるしが刻み込まれていた。しかし、主体なき苦しみとはどういうものだろうか」。
(20) ポール・リクールの表現に従えば「苦しみは苦痛ではない」。Claire Marin et Nathalie Zaccaï-Reyners(dir.), *Souffrance et douleur, Autour de Paul Ricœur*, PUF, coll. « Questions de soin », 2015, p. 25.
(21) *Ibid.*:「人はここで、自分を高く評価したり低く評価したりすることのできる領域を抜け出して、自己評価そのものができない限界域に移行してしまうように見える」。

ここに見てきたような最も厳しい状況においては、愛の終わりが棄てられた人を破壊する。愛を喪失することによって心理的に死んでしまいかねない。自己が空っぽになって、消えてしまうことがある。なぜ、愛する人との別れは時にこれほどまでに耐えがたいのだろうか。この突然の内なる転覆によって、自分が誰なのかが分からなくなるから、自分が自分なのかが分からなくなるからだ。

幸いなことに、愛する人とのすべての別れが、同様の暴力性をもつわけではない。しかし、愛の終わりは深層からの動揺をもたらす。人がもう自分を愛していない時、いったい誰でありうるのか。他者の愛が私に授けてくれていた美質を失う時、自分自身を失わずにいることはできるだろうか。「誰も、借り物の性質のためでなければ、愛されることはない」[22]。パスカルによれば、人はだまし合いのゲームのなかで、他者たちの愛から自分自身の性質を借り受けてくるのである。それは、まったくのところ、もともと自分自身に備わっていたものではない。だから、別れはつらいものになる。突然私は、魅力的だったり、知的だったり、優しかったり、面白かったりする誰かであることをやめてしまう。私が本当にそんな人だったのではなく、あなたの目にそうであったにすぎないのだ。揺れ動くのは、私の同一性の確かさである。一個の私という幻想が消えてしまう。あなたにとって私がもう何者でもない今、私は誰なのだろう。

「離縁（répudiation）」という、いささか過剰とも思える言葉が頭に浮かぶ。けれど、その言葉は、棄てられた人が感じうる拒絶の感情をかなり正確に語っている。それ以上に、この言葉は非常に示唆的である。人は自分の内に羞恥心（pudor）を、恥の感情を呼び起こす者を「離縁（répudier）」するのだ。一部の国で、男がその妻を離縁することを認めているのは何だろう。例えば、その妻が不妊であるということ。この役立たずの女は約束違反なのだ。彼女はその欠陥を夫に感染させ、笑い者にさせる。子孫を残せない男なんていったいなんなんだ。人々は横目で見ながら、薄笑いを浮かべて、彼の不毛さについて問うだろう。その妻が彼の価値を貶めているのだから、彼は彼女をできるだけ遠くに追いやり、自分まで欠陥を負った、欠如した存在であることを避けようとする。ここで、別れのもうひ

(22) Pascal, *Pensées*, Lafuma 688〔パスカル、塩川徹也訳、『パンセ（中）』、岩波書店、二〇一五年、三八九頁〕。

とつの苦しみについて語らねばならない。これからずっと恥の対象であることの恥。それは単に自らの価値を失うだけのことではない。愛するにふさわしくない者と見なされるということなのだ。彼女は、愛されるに値しない者、もはやその資格のない者たちのゲットーへと送られる。後から振り返った時の暴力性は果てしない。彼女はその経緯をたどり直して問うだろう。以前は本当に愛されるにふさわしい存在だったのか。それはすべて、そもそもの初めから完全な誤解だったのではないだろうか。ロラン・バルトが『恋愛のディスクール』で述べているように、愛の関係のなかで問われていたのは、私の価値の問題でもあったのだから。「私に何の価値があるのか?」。この本質的な不安に対する答えを、私は恋人に求めているのだ。

私はしるしを探している。でも、いったい何の? 私が読み取ろうとしているものは何だろう。私が愛されているか(もう愛されていないのか、まだ愛されているのか)ってこと? それとも、自分の未来を読み取ろうとしている? 古文書学と占い術の双方に由来する方法にしたがって、書き記されていることのなかに、私の身に訪れるであろうことの通知を読み解くことによって。そうではなくむしろ、結局のところは、私が倦むこともなくあの人の顔に尋ねているこの問い、「私に何の価値があるのか」という問いに宙吊りになったままなのだろうか。[23]

だとすれば、失恋は、残酷な価値剝奪の経験である。「私は破壊されてしまったわけではない。でもそこに、ごみくずのように打ち捨てられている」とバルトは言う。その反響で、棄てられた女は自分を「完全にみじめ[24]」だと感じる。私を置いていく人がどれほど優しくても、別れは私を貶め、辱める。彼の愛情が私に授けていた衣装を奪い、皮を剝がれた丸裸の状態に私を置き去る。

(23) Roland Barthes, *Fragments d'un discours amoureux*, dans *Œuvres complètes*, t. V, 1977-1980, Seuil, 2002, p. 263〔ロラン・バルト、三好郁郎訳、『恋愛のディスクール・断章』、みすず書房、一九八〇年、二〇二〇年新装版、三一八頁〕。

(24) Simone de Beauvoir, *La Femme rompue*, Gallimard, coll. « Folio », 2012, p. 164：「一一月三日水曜日。モーリスの優しい態度は私には苦しいほどだ。(…) 彼はもう決して私の唇にキスしない。私は完全にみじめだと感じる」〔シモーヌ・ド・ボーヴォワール、朝吹登水子訳、『危機の女』、人文書院、一九六九年、一八五頁〕。

今はもうあなたは、愛する人は、離れたところにいる。あなたは言う。私たちは離れることができると。まるで、その「私たち」のなかに、私たちが一体となって混ざり合っていたところに、二つの別々の部分があるみたいに。置き去りにされるということ。それは、自分自身の命の一部分を切り落とされるように感じるということだ。「私たちは全体の半分であったのに、（…）私はもう、半分に割かれた存在でしかない」とモンテーニュは言う。愛の身体、愛が形作っていたあの幻想の身体は、分割され、引き裂かれてしまう。

「彼女たちはこんなにも長いあいだ交わって、切り離せないものになっていたのに、新しい生活が告げられる時には、一方が消えてしまわねばならないのか」[25]とJ＝B・ポンタリスは問う。どこまでが自分で、どこからがあの人なのかも分からなくなってしまうほど互いに溶け合っていた体と心を、どうやって切り離せばいいのか。対話を続けていると、どれが自分の意見なのか分からなくなってしまうものだとメルロ＝ポンティは言う。愛する者とのはかりごとや日々のやりとりのなかで、私には何がもともとの自分のもので、何が相手から借り受けたものなのかが分からなくなる。その習慣は愛の毒性なのだと人は非難する。しかし、この共有された「存在の習慣」こそ、愛の舞踏を滑らかにするものでもある。あの人は私に溶けて、私のものになっていた。混ざり合った体は区別できないものになっていた。(26)

別れによって欠け落ちるもの。それは、あなたと私の体の親密な語り合い、ささやかかれた言葉、しなやかに滑る手の感触、お互いを守りながら、眠りのなかで相手に身を委ねていくような、結ばれていると同時に解放されている二つの身体の舞踊である。自分に欠けてしまうもの。それは、自分の体の延長としての、より正確に言えば、自分の体の一部としての相手の体である。その人が私を愛することをやめる時、私はまるで自分自身の境界を失ってしまったかのようだ。私という存在が私の外に流れ出し、空っぽになってしまう。置き去りにされた人の血が失われる。

(25) J.-B. Pontalis, *Marée basse, marée haute*, *op. cit.*

(26) Philippe Forest, *Le Nouvel Amour*, *op. cit.*, p. 145 :「腕を広げ、脚を開いて、おなかとおなかでおしゃべりして、ベッドに寝そべって向かい合わせに二つの体を並べている。寝息を共有して、朝には手足を絡ませて、いつもとまったく変わらない動作で、(…)相手のすぐ近くにいるということ」。

「二人が引き裂かれるのは、ひどく辛いこと」。「引き裂かれる」という言葉を私は何度も耳にしてきた。しかし、その意味が分かるのは突然のことなのだ。辛い出来事に直面した時、決まり文句に頼るのは方便に属するように見えるかもしれない。しかし、愛の破局においてしばしばそうであるように、決まり文句のなかでこそ真実が正確に語られるのである。二人が引き裂かれる。それは、かつての恋人同士が喧嘩をしているということを意味しているのではない。それは、二人で作り上げた共有物、情動的であると同時に肉体的なひとつの塊から、彼らが本当に自分の身を引き離そうとしているということだ。その別れは身を引き裂く。二人の愛と生活が時間をかけて一体の獣《キメラ》を作り上げてきた場所で、それぞれが自分一人の体を取り戻そうとしているのだから。二人が絡みあっていたひとつの身体。彼らの実在の身体の延長として、目には見えずともそこにある、分有された身体を形作ってきた、体どうしの相互的な習慣の場所で。愛する私の身体は、あなたの体の上で何度も揺れ動くことを自らに許し、休みなくあなたの体に浸食していく。それは、あなたの体をつかまえ、引き寄せ、愛撫し、抱きしめる身体。愛されたあなたの身体は、私に向けて開かれ、私が触れるために差しだされる肉体。それは、私がそばにいることを支え、あるいは求める。これほどに近くにあるあなたの体は、私のそれを拡張する。私という存在の新たな領域として。私たちの体は、年月をかけてリゾーム状になり、相手の身体空間のいたるところに逃走線を引いてきた。この共有の身体、愛が作り上げたこの情動の獣から身を引き離そうとする者は、その体のつなぎ目を壊死させて、相手に衰弱を強いることになる。

別れは、根扱ぎにされる経験である。自分のものだと思っていたもの、文字通り、自分自身の存在に受肉していたものを根こそぎ奪われること。それは単に、相手が自分自身の一部を持ち去っていくだけのことではない。それは私の皮を剝ぐ。愛の皮膚、その人がいて自分を見てくれていることで私を守り安心させていた、あの外皮を私から取り去ってしまう。誇らしげに、あるいはいつくしむように見つめていたその魅惑的なまなざしを私から奪う。言葉という皮膚、まなざしという皮膚、愛撫という皮膚。私は殻をなくし、体毛を刈られ、突然丸裸になり、怒りだけを武器に、ぼろぼろの悲しみとともにある。最も傷つきやすい動物よりも、もっと裸の状態。私は単に弱っているだけではない。四肢を切断されたように、自分自身を、自分の存在と身体を奪われているのだ。

潜在的なリズム、二つの身体のリズムがはずれて、変容していくなかで、ひとつのストーリーの終わりが見えてくることもある。恋人たちはもう同じ歩調では歩いていない。先触れとなる小さなしるしが現れ、内密な身体の律動がその勢いを失い、自明性を失う。共通の習慣をやめてしまうことで、身体はすでに距離を取り始めたことを告げている。このわずかな隔たり、慣れ親しんだ身振りの連続性のなかに生じた小さな断絶によって、その人が遠のきつつあること、感情が弱まりつつあることが露わになっていく。愛し合う身体の舞踊が何度も途絶え、存在が見えなくなる。恋人はそっと姿を隠そうとしている。その人の存在感が弱くなっていく。少しずつ自分をかき消していくかのように。ロラン・バルトはそれを「フェイディング[27]」と名づける。[三]あなたの声で、あなたはもう本当はここにいないことが分かってしまう。あなたの声が死んでいく。それはもう幻でしかない。[28]愛が私の人生から出て行ってしまう時、私が喪失を悔やむのは、彼の体、セックス、その肉体的な存在の密度だけではない。それと同じくらい、彼の声が聞こえないことがつらいのだ。別れに続く沈黙が大きな暴力となる。よびかけ、ささやき、あてこすり。あなたの声が、関心と感情と欲望をこめて運んでくれたもののすべてが、消え去る。そして、もはや私には向けられなくなったその声とともに、私が消え去る。[29] 私の名前が響かなくなる。私があれほどの喜びと希望を込めて呼んでいたあなたの名前を、いったいどうしたらいいのだろう。笑い声にも、ため息にも、問いかけにももう輝きがない。生活は抑揚を失い、黙り込む。

(27)「フェイディング。愛する人があらゆる接触から身を退いてゆくように思える苦痛の試練。その謎めいた冷淡さは、直接愛する主体に向けられているのでもなく、さりとて他の誰か、友達やライヴァルのために発せられているのでもない」(Roland Barthes, *Fragments d'un discours amoureux*, *op. cit.*, p. 145〔訳書、一六八頁〕)。

(28) Roland Barthes, *op. cit.*, p. 147:「相手がフェイディングしていることはその人の声に現れる。声は、愛する人の消失を担い、読み取らせ、いわば完成させる。それは、死にゆく声に属しているからだ。声が果たすこと、それは、声の内で、死に至らしめるほどの力で私を引き裂くこと。まるで、その声がすぐにも、想い出以外の何物でもないものにしかなりえないかのように。声に宿る亡霊が抑揚の変化である」〔訳書、一七一頁〕。

(29) コクトーの『声』(Jean Cocteau, *La Voix humaine*, Stock, 2002〔ジャン・コクトー、渡辺守章訳、「声」、『アガタ/声』、光文社古典新訳文庫、二〇一〇年〕)が見事に描き出してみせたように。

もはや別れを告げることもせず、亡霊を演じる人もいる。「ゴーストになる」とは、古くからある怠惰につけられた新しい名前。そうとも言わずに立ち去る。ただ姿を消すだけ。愛が自分たちの体を交わらせ、ひとつに溶けていたという事実を否認するかのように。ただスクリーンから姿を消せば、相手の心、相手の体のなかに存在しなくなるわけではない。愛は私のなかに、愛する身体の痕跡を残しているから、その愛が私の体を作り上げてきたのだから、それは私のなかに長く刻み込まれたままなのだ。滑らかな肌の、たっぷりとした唇の、乱れた髪の、しゃがれた声の思い出が残る。場所、画像、匂い、音楽、歌詞が、こうした感覚の痕跡を痛みとともにいつまでもよみがえらせる。忘れたいと思っていても、何でもないことで呼び覚まされる、愛の記憶の責め苦。昔の恋を思い出させる物や空間の力。もう一度強く抱きしめて、仲直りする幻想を抱く夢の残酷さ。

あなたが私のもとを去っていったら、私には何が残るだろう。どうやって、そこから抜け出せるだろう。頭でははっきり分かっていても、それがいつも可能であるとは限らない。人は、愛で死にそうになる。別れにはまり込んで、悲劇的にそれを耐え忍び、そのドラマに埋もれ、呪いの経験のようにそれを生きてしまうこともある。「不幸なめぐりあわせとしてのM」と、グレゴワール・ブイエは、『ファイルM』において言う。愛を葬ることができず、かつて愛し、そして失った人に取りつかれたようになって、ダメになっていく一〇年。生活のあらゆる場面に、情動的な衝動とその型通りの反復が書き込まれ、その激しさが高まり、屈辱のなかで、落ちぶれて、卑劣になっていく一〇年。別れによって、私たちは時にそんなものにもなってしまう。同じ人とは思えないような、軽蔑すべきに人間になって、去って行った人の方が正しいと思わせてしまう。

別れは私たちの姿かたちを変え、身体を侵襲する。それは、可感的な、肉体の経験である。喪失が取りついて、内側から蝕んでいく。恋人であった人の突き刺すような言葉や気づまりな優しさが重ねられていくにしたがって、酸えたものが流れるのを感じる。この象徴的な暴力は身体に影響を及ぼす。心臓がバクバクして、動悸、ふるえ、めまい、吐き気に襲われる。平素の自分、私の土台をなしていたものが、私のなかで壊れてしまったのだ。別れは私の体に刻み込まれる。背中が丸まり、やつれ、声が震え、やせ細って見える。さもなければ、腫れぼったい顔になり、髪が乱れ、服がしわだらけになる。実際のところ、私の存在全体がしわしわになり、自分を打ち砕き、損なってしまったその別れによって決定的にしるしづけられてしまったのだ。エレーヌ・ジェステルンが『ある眩暈』で見事に語っている。「私は自分をくしゃくしゃにされた紙くずみたいに感じた。出ていくにせよ、戻ってくるにせよ、私が愛した人は、自分が刻んでいったこのしるしを取り除くことはないだろう」(30)。別れる＝断ち切られる（être rompu）は、単なる比喩ではない。別れは、私たちを、切り裂かれた存在にしてしまうのだ(31)。

苦しみは心理的なだけではなく、実在的で、可感的で、身体的だ。欠如の苦しみ、それは不安感と吐き気と灼けるような痛みをもたらす。胸が締めつけられ、呼吸が速くなり、汗をかく。体が消失の荒々しさを表現している。離れていくことで、相手は私の体の端々を持ち去り、この傷ついた体を修復するという課題とともに私を置き去りにする。情熱的な愛についての小説『それがサラを物語る』において、ポリーヌ・ドゥラブロワ＝アラールは、別れの身体的な次元、体への暴力的な影響を強調している。恋人が出ていったしまったことで、くりぬかれた苦痛な空白が生まれ、身体は文字通り、この欠如のなかで消耗していく。サラはあっさりと姿を消してしまうのであるが、匿名の語り手はこの消失を内面の荒廃として経験するのである。

彼女は電話をかけてこない。街中で、地下鉄の通路で、私を追いかけてこない。その後何日も手紙を書いてこない。芝居を観に行こうとか、海へ行こうとか、庭園を訪ねようとか、お茶を飲もうとか、日本食を食べようとか言ってこない。私の近況を尋ねたりしない。子どもはどうしているかと聞いてこない。彼女は、体中で私が傷んでいるのを、私の頭がずっと熱くほてっているのを、今まで私がこれほど鈍く、これほど強い痛みを感じたことはないことを、知らない[32]。

これはメタファーではなく、現実の肉体の痛みである。相手への欲求が死活にかかわる

(30) Hélène Gestern, *Un vertige*, suivi de *La Séparation*, Arléa, 2017, p. 18.
(31) *Ibid.*：「私は自分の経験の限界点に達していた。そして（…）これからの時間はずっと傷痕、閉塞、退去の時間になるだろう」。
(32) Pauline Delabroy-Allard, *Ça raconte Sarah*, Éditions de Minuit, 2018, p. 96.

ものになっているように見え、灼けつく痛みのイメージが剝き出しの存在を物語っている。身体にはまだ相手の存在の記憶が宿っているが、それはもはや責め苦でしかない。その人の存在が命の源であったのに、今はもう内なる暴力、破壊要因でしかない。(33) 嗜癖状態にあるかのように、語り手は生理的な禁断症状を呈している。(34) 打ち捨てられた体は、変わり果てている。体は、耐えがたい愛の休耕地の烙印を負っている。それはもう、あの人のまなざしを注がれることもなく、愛撫を受けることもなく、爪痕を残されることもない。その所有者に何度も放置され、置き去りにされ、痛めつけられ、のろのろと、ただ生きのびているだけの状態で生きている。この痛む身体を、私はさらに追い詰めて苦しませる。自分の体に食べ物を与えず、あるいはぶくぶくと太らせ、日に当たることも、休息させることもせず、もう何も感じないようにアルコールか薬か睡眠薬で麻痺させる。私は空白の生活に、潜伏期間にこもる。(35)

別れは私を醜くする。まるで、私を棄てた人が正しかったのだと言うように。骨が浮き出るほど痩せる。でっぷりと太る。目の下が隈で真っ黒になる。どうやって笑ったらいいのか分からなくなる。別れは醜形化でもある。私の存在、私の生命が姿を変え、形を変え、不格好になって、見分けがつかなくなる。私は文字通り面変わりしてしまう。アメリカの喜劇映画なら、目を真っ赤にはらした不幸なヒロインがフィルムの前でがつがつとアイスクリームを食べて太っていく姿を、手を変え品を変えて描き出すだろう。しかし、こうしたライトな定型表現以上に、愛の喪失のなかで私をとらえる絶望は、私の顔の輪郭、体のシルエットに刻み込まれている。

私のなかの何かがあまりにも早く老いてしまうのだ。(36) 私の顔はこの崩壊のしるしをとど

(33) *Ibid.*, p. 99 :「体がひりひりする、海の水につからなくても。このすべての傷痕、君を見ただけで体の中が燃えるようになる、あのすべての夜、君の姿、それが彗星のように天井をよぎるのが見える……」。

(34) *Ibid.* :「サラがいないから私はふるえている。私は何日も泣いてすごす。涙は音もなく私の首を伝って流れ落ちる。そして、私の胸の上で途絶える。私は腫れぼったい目をして、頬は涙の痕でひりひりしている」。

(35) この言葉を、語り手は、医学事典から「潜伏期間（latence）」の定義を引いて、彼女の抑鬱的な状態を描くために用いている（*Ibid.*, p. 99）。

(36)「自分の顔は見ないようにしてるの。洗面台の明かりもつけないようにしてる。昨日は、目の前にお婆さんがいたわ。（…）違う、違う。髪が白くなって、皺だらけのやせたこけたお婆さんだったわ」（Jean Cocteau, *La Voix humaine*, Stock, 2002, p. 33〔訳書、一一一頁〕）。

める。愛とその終焉の物語は、顔という羊皮紙の上に痕を残す。時として別れは、愛の破局であれ、より広い生活史上の断絶であれ、私たちに壊れた顔を残す。棄てられた女、病者、寡婦はその苦痛の烙印をさらけだしている。[37]ポール・ヴァレリーが言っていたように、顔には自分自身が完全に露出しており、おそらく、それほど気前よくそれを人に見せてはいけないのだ。[38]試練は顔に書き込まれる。それを確認するところから、マルグリット・デュラスの『愛人』は始まっている。

一八歳と二五歳のあいだに、私の顔は思いがけない方向へと向かっていった。一八歳で、私は老けた。みんながそうなのかは知らない。聞いてみたことがない。誰かが私に言ったことがあるような気がする。まだとても若いうちに、人生のなかでももっとも祝福された年齢を越えようとする時に、しばしば襲ってくる時の加速のことを。その老いは突然だった。私は、老いが自分の顔の輪郭を一つひとつとらえ、その相互の関係を変え、目を大きく見開かせ、まなざしを悲しげにし、口元を厳しくし、額に深いしわを刻むのを見た。(…)この顔、新しい顔を私は保った。それが私の顔になっていた。もちろん、その顔もまた老いていったが、そうなってもおかしくなかったのに比べれば、ゆっくりと。私は、乾いた深いしわに引き裂かれ、頬のくぼんだ顔をしている。ほっそりとした顔がそうであるように、痩せていったのではない。それは同じ輪郭を保ったのだ。だが、その元の素材が壊れている。私は壊れた顔をしている。(39)

おそらく、二つの老いていく様式があるのだ。老いを漸進的な過程と見なすことができる。あるいは逆に、ひとつの「出来事」、「突然の断絶、飛躍的な偶発事」と見なすことも

(37) 前著『病い、内なる破局』で考察したように(*La Maladie, catstrophe intime*, PUF, coll. « Questions de soin », 2015〔クレール・マラン、鈴木智之訳、『病い、内なる破局』法政大学出版局、二〇二一年〕)。
(38) Paul Valéry, *Le Visage*, dans *Œuvres*, Gallimard, coll. « Bibliothèque de la Pléiade », 1957, t. I, p. 347〔ポール・ヴァレリー、佐藤正彰訳、「顔」、『小論六編』、『ヴァレリー全集(増補版)10 芸術論集』、筑摩書房、一九七八年、四〇七―四〇八頁〕。
(39) Marguerite Duras, *L'Amant*, Gallimard, 1984〔マルグリット・デュラス、清水徹訳、『愛人』、河出文庫、一九九二年〕。

できる。(40) 試練が、そのしるしを私たちの体と顔に刻印する。この偶発事が私たちを新たな時間のなかに投げ込む、その様態が私たちの老いを加速させる。それは私たちの抵抗力を弱め、反駁の能力を消尽させる。急速な化学的反応と時間の加速に類する何かがあるのだ。偶発事は唐突に、私たちの存在の新たな形を現出させる。(41)

愛の破局によって荒んでしまうのは、私の体と心だけではない。それは世界を荒廃させる。別れた後の世界には人が多すぎる、と同時に、人気《ひとけ》がなさすぎる。この実存的な切断のしるしを被らないものは何ひとつない。すべてがその可視的な痕跡をとどめている。棄てられた者は、残りものでどうにかしなければならない。苦痛な思い出を山のように残して相手が立ち去って行った時に、自分の生活が成り果ててしまったこの廃棄物とともに生きていかねばならない。価値を無くした愛の抵当品をいったいどうしろというのか。マンションの廊下にも、近所の街路にも、避暑地にも取りついている亡霊。本のページのあいだを、シャンソンのサビのフレーズのあいだをよぎっていく亡霊。相変わらず一緒にいて愛し合っている人たち――いったいどうやって?――の顔に見えている、私を嘲笑うかのような、この失われた愛の暮らしをどうすればよいのだろうか。

かつて二人が分ち合っていた生活の遺品である物たちは、その地位を変えながら、そこにとどまっている。『危機の女』においてシモーヌ・ド・ボーヴォワールは、夫と別れた女の生活がいかに剝がれ落ちていくのかを冷静に分析している。日常の生活の全体がその内実を空っぽにしてしまい、物が虚ろになる。失われた愛について沈黙の内に証言していた物たちが人生から一掃されてしまったかのように。(42) 事物はもはや確かな世界を構成

(40) カトリーヌ・マラブーが『偶発事の存在論』で示しているように (Catherine Malabou, *Ontologie de l'accident*, Éditions Léo Scheer, 2009. p. 43〔カトリーヌ・マラブー、鈴木智之訳、『偶発事の存在論——破壊的可塑性についての試論』、法政大学出版局、二〇二〇年、七九頁〕)。

(41) *Ibid.* :「何かが起こり、それはその人を老化へと投げ落とし、老いてゆく過程のなかに転落の一瞬を刻み込む。転落は、老いてゆく過程の実現であると同時に、それとは別のものである。思いもよらぬ馬鹿げた出来事、悪いニュース、悲嘆、苦痛。そして、徐々に変わっていく過程が突然固まってしまい、そこに、それまでになかった存在、形、個人が作り出される」〔訳書、八〇頁〕。

(42) *Cf.* Simone de Beauvoir, *La Femme rompue*, *op. cit.*, p. 210 :「一六日水曜日。もう何もすることがないような気がする。私にはいつもすべきことがたくさんあったのに。今は (…) すべてが無駄に思える。モーリスの愛は私の人生に、私の人生の一瞬一瞬に意味を与えていた。私の人生は虚ろだ。すべてが虚ろだ。物も、時間も。そして私も」〔訳書、二三七頁〕。

せず、それ自体の虚しい模造物でしかなくなっている。もう二人のものではないのだとすれば、もう失われた愛の覚え書き《メメント》でしかないのだとしたら、そんな物に何の価値があるだろう。身近にあったもののすべてが、今ではよそよそしく、あるいは裏切りに加担して、疑わしい[43]。危機の女＝別れた女はこうして、自分の乗っている車まで嫌うようになるのである[44]。

別れの経験は、文字通りの意味で脱臼である。私は所有権を奪われ、私の家は私のものであることをやめる。愛の終わりは、つらい思いをしてつながりを解いていくことを私に強いる[45]。こうして、愛する人との別れの時に、自分たちがどんな風に現実にエネルギーを注いで一緒に暮らしてきたのかが露わになる。情動のスポンジとなった物には、自分たちがそれを手に入れ、それを修理した時に感じた感情がしみ込んでいる。それらの物は共に過ごした時間の標識であり、傷ついた愛の哀れなトーテムである。シモーヌ・ド・ボーヴォワールが描いた不幸な女性にとって、物はすでにかつての輝きを失い、剝き出しの状態にある[46]。

物たちはぼやけているように見える。そこには、生気を無くした想い出しか残っていない。私の目には、生き生きとしたものであることをやめている。文字通りの意味で耐えられないもの、身につけることのできないものになっている。私はもう、この服を着ること、この指輪をつけること、この香水をつけることができない。消失した愛の傷んだ痕跡、嫌

(43) *Cf. ibid.*, p. 152:「家のなかの物さえ偽物のようだった。リヴィングルームのどっしりしたテーブルすら空しく見える。家と私自身が四次元の世界に投影されているみたいに」〔訳書、一七一頁〕。

(44) *Cf. ibid.*, p. 174:「私はうちの車が好きだった。飼いならされた忠実な動物。暖かくて、安心する存在。それが突然、私を裏切るのに使われていた。車が憎かった」〔訳書、一九六頁〕。

(45) Lydia Flem, *Comment j'ai vidé la maison de mes parents*, Seuil, 2004, p. 50:「物はただの物ではない。そこには人の痕跡が残っている。それは私たちの延長物だ。(…)誰でも、それらの物を使い、愛した人々のそれと混ざり合った歴史と意味をもっている。それら、物と人は一つになって、苦痛なしにはつながりを解くことのできない一種の統一体を形作っている」。

(46) Simone de Beauvoir, *ibid.*, p. 232:「私はエジプトの小像を眺める。それはとてもきれいにつぐことができた。私たちが一緒に買ったもの。そこには優しさと、空の青さが染みこんでいる。今、それは裸で、悲嘆にくれてそこにある。私はそれを手に取って、涙を流す。モーリスが私の四〇歳の誕生日にプレゼントしてくれたネックレスをもうかけることができない。これらすべての物、私のまわりにあるすべての家具は、硫酸で洗われてしまったみたいだ。もう一種の骸骨としてしか残っていない。胸がえぐられる思いだ」〔訳書、二六二頁〕。

味としか思えないような痕跡を、私はもう見たくない。愛する人との別れとともに失われたのは、当たり前の世界である。それはもう、荒んで、ぼろぼろになっている。その時私は、自分がとらわれていた見えない結び目、突然有毒になった蜘蛛の巣が浮かび上がるのを見る。私がもう気にもとめなくなっていた物たちが、今は私に語りかける。私たちがいた世界はもう存在しないのだと。物たちはもう、穏やかに私に寄り添ってくれはしない。それらはつらい思い出を呼び起こす。世界はその内実を失い、虚ろになる。それは、バルトの見事な表現にしたがえば、脱現実化する。「脱現実。不在の感覚。愛する人が世界に対して感じていた現実感の後退(47)」。私たちはついに自分を見失う。この「空っぽの」生活の内に、別れは私たちを打ち棄てる。私たちはもう自分の人生の脇役でしかない(48)。

では、どうしたら、いつまでも身を引き裂き続けるこの別れと訣別することができるのか。「私は一二まで数えるから、あなたは沈黙を守って、そして私は行こう(49)」と、パブロ・ネルーダは「沈黙」と題した詩のなかで書いている。すべての別れが、こんなふうにたやすくできたらいいのにと人は思うだろう。物事が単純で、きれいに切り離すことができたら。感情生活が、数学みたいに、きれいに割り切れるように変化していったら、と。外から見れば、コクトーが正確に述べているように、状況は二つのカテゴリーの内のいずれかに落ち着くしかないだろう。「周りの人々から見れば、人は愛し合っているか、憎み合っているかのどちらか。別れるとなったら別れるしかない。それは、見ていればすぐに分かる。あなたはそれを決して理解させることができないだろうけど……」[50]。しかし、別れは引き延ばされ、宙づりにされ、言葉にされぬまま、ためらいの時のなかに紛れてしまう。渦を巻いて、疑わしいまま、本当にそうなのかも分からないまま、別れは進んでいく。できればすべてを消し去ってしまいたい。けれど、バッサリと切り捨ててしまうことに抵抗する、過去の小さな断片がずっと残っている。痛みは、記憶の細部のなかに隠れている。私がすべてを壊してしまいたいと思っていた時でさえ、その破壊の痕跡が残るのだ。写真

(47) Roland Barthes, *Fragments d'un discours amoureux*, *op. cit.*, p. 213〔訳書、一三一頁〕。
(48) *Cf.* Annie Ernaux, *Se perdre*, Gallimard, coll. « Folio », 2001, p. 286, 316.
(49) Pablo Neruda, « Se taire », dans *Vaguedivague* [*Estravagario*, 1958], Gallimard, 1971.
(50) Jean Cocteau, *La Voix humaine*, Stock, 2002, p. 53〔訳書、一三〇―一三一頁〕。

を剥がした跡、隙間のできた本棚、一本だけの歯ブラシ。別れの後遺症は、自分の思考の隅に執拗に痛みをもたらす、飛散した微粒子のようだ。

だからね、一番厄介なのは、思い出の小さな欠片、僕の生活の表面に浮かんできたり、皮膚の上にまとわりついて気持ちが悪い感覚の断片なんだ。強い思いとか、はっきりとしたイメージとか、そういうのはもうぼんやりと薄れていて、簡単に厄介払いできる。くっきりとした思い出、名前をつけられるような思い出は簡単なんだ——でも、小さな断片がダメだ。

(…)記憶の本体よりも、思い出の切れ端の方が、断片的にちらつくからよけいにつらい。そこに、破壊の痕があるから。バラバラになって現れるやつの方が、すべてがもとのままで現れるよりもずっとこたえるんだ。[51]

別れの痛みは、終わることなく剥ぎ取られていく痛みだ。目をさますたびに別離はくり返される。そのたびに、夢の世界から引き剥がされる。夢はしばしば現実に追いつかず、二人が共にしていた生活の思い出に慰められ、そこでは、願っていた仲直りが叶っていたのに。破局、世界の崩壊が毎朝再演され、責め苦が休みなく反復される。小説家アントワーヌ・ウォーテルスが正確に述べているように、別れるということは、「何か月も、何年ものあいだ、何回も別れ続けること」なのだ。別れるということは、欠如の苦しみのなかで生きるということ。息が切れ、心臓の鼓動が早まり、不安の身振りをくり返す。目に映る不在だけを見ているということ。

でも彼女は身動きせず、自分を取り巻く空虚をじっと見ていた。ジオの不在の身体を。蒼天のなかで、そこだけが白く切り取られている。そのあいだ私は、誰かと別れるということは、ただ一度きっぱりと別れるのではなく、何日も、何か月も、何年ものあいだ、何回も別れ続けることなのだと考えていた。その欠如がついに人の心を吸いつくしてしまうまで。そう。別れるということは、何か月も、何年ものあいだ、何

(51) Vincent Delecroix, *Ce qui est perdu*, *op. cit.* p. 34-35.

回も別れ続けることなのだ。その欠如がもう十分になって、できることなら、少しずつその人を穏やかな状態に置くようになるまで。(52)

ジオの妻はもう、不在の身体、打ち棄てられた世界しか見ていない。不在の可視性が暴力的なほどまぶしい。その体がない。その体を中心に世界は切り分けられていたのに。最初の物、最初の地平、残りの世界の照準点だったのに。別れは絶え間なくくり返され、その人の姿が抜け落ちている場所に出会う度に、意識へと呼び戻される。内なる小さな針がよみがえり、別れの痛みが刺さる。ウォーテルスが言うように、心は欠如によって「吸い尽くされて」しまうのだ。

それから、苦痛がぼやけてくる時が訪れる。言ってみれば、不在に慣れていくのである。このタイミングで、「ほら、もうそんなにつらくない」と思う。そう、偶然に、彼のこと、または彼女のことを考えていたのにそれほど苦しくなかったことに気づいて、自分でも驚くのだ。「あなた」ではなく、彼のことを考えている。その人は三人称に移行し、背景に退き、不特定の「彼ら」と同じ位置にいる。私が自分の身に起きたこと、何を不安に思い、何を願っているのかを語って聞かせたいと思う、内なる「あなた」の地位を失ったのだ。別れは、「あなた」の消失のなかで始まっている。

おそらく、別れるための、離れるための、体と心の空間的再配置のための「ワーク」のようなものが存在するのだ。その人の不在に適応するための努力。その人の存在を習慣化していた自分をやめること。彼の姿の周辺を回っていた自分の世界の形を日常とは思わないようにすること。星々の回転を受け入れ、内なる新たな星座を描き出すこと。孤独を飼いならし、そこに、ただの空虚ではない、自分自身の空間を穿つこと。

それでも時に、愛は突然終わる。そしてそこに断絶点の観念、関係を瞬時に引き裂く、取り返しのつかない転換の瞬間が見いだされる。中編小説『ヒッチハイクごっこ』においてミラン・クンデラは、また別の形で、恋愛ゲームのなかでの屈辱が生みだした、愛の突然の消失を描いている。クンデラは、あらかじめ合意されていた状況のなかにあっても、

(52) Antoine Wauters, *Pense aux pierres sous tes pas*, Verdier, 2018, p. 141.

襲われた、あるいは犯されたという感覚が生じうることを、きわめて繊細に理解させる。自分の彼女をヒッチハイクでつかまえたふりをするなかで、若い男は、自分にふさわしくない言葉を発し態度を取ってしまう。粗野で、侮蔑的で、挑発的なふるまいをする彼は、彼とは思えなくなってしまう。彼が口にすることは役割演技のなかに組み込まれているのだが、おそらく、それが彼だとは思えないという以上に、彼について多くのことを語ってしまうのである。この喜劇のなかで明らかになってしまう真実は残酷である。そして、この虚構のシチュエーションは直接的な現実効果をもたらしてしまう。その言葉とまなざしとふるまいによって瞬時に焼き尽くされて、彼女の愛は消えてしまう。あたかも娼婦であるかのように彼女を性的にものにしようとする彼のやり方が、二人の愛を決定的に損なってしまう。「それですべてが終わった。男は女から体を離し、ベッドの上に下がっていた長い紐を引っ張った。明かりが消えた(53)」。

ここでは、愛が終わってしまったことが即座に意識されているが、こうした取り返しのつかない事態が後になってはじめて明らかになることもある。例えば、手放したくない関係を何がなんでも維持しようとして、自分自身を偽る時。けれどもおそらくは、その瞬間から気づいているのだ。ちょっとした不協和音が生じて、鈍く耳に残り続けるなかで、やり過ごすことのできない言葉や嘘や裏切りが生じているということに。(54)

実際にはもう破綻しているのだと気づいている物語を表向き延長させるために、手を尽くすことがある。そうではなく、思い切って断ち切ること、別れると言っては別れないをくり返すなかで疲れ果ててしまった状態に、突然ピリオドを打つ決心をすることもある。『ある眩暈』のなかで、エレーヌ・ジェステルンは、恋人がしょっちゅう離れては戻ってくることにげんなりしてしまった語り手が、失踪を決意する様子を描いている。ずっと彼を待ち続けることを強いられて疲労困憊してしまった彼女は、彼とはきっぱりと別れ、い

(53) Milan Kundera, *Risibles amours*, Gallimard, 1986, p. 115, §12〔ミラン・クンデラ、西永良成訳、「ヒッチハイクごっこ」、『可笑しい愛』、集英社文庫、二〇〇三年、一三三頁〕。

(54) Philippe Forest, *Le Nouvel Amour*, *op. cit.*, p. 124 :「愛のなかには、気づかぬうちに取り返しのつかないことが起こる。その瞬間に、それは自分たちを、やがて引き裂き、憂鬱にさせ、絶望させるところへと押し出し、後戻りすることがない。それはあまりにも巨大で、あまりにも悲しいように思える。そんなことは信じたくない。いつだって、元通りに戻る方法があると自分に言い聞かせる。でも、心の底では、自分のついている嘘にもう気づいている。取り返しのつかないことが、現に、起こってしまったのだと」。

わばその世界に存在することをやめてしまう。[55]単に恋愛の関係が中断されるだけでなく、もっとラディカルに、ひとつの愛の終わりが自分のなかでどれほどの生の中断、狂気の経験、「無」[56]の経験として生きられるのかを、彼女の世界に対する関係が象徴的な死の儀礼によって示しているのである。

別れる、あるいは棄てられるという経験は、決して、自分の存在の一部分に囲い込めるようなものではなく、情動的に剝ぎ取られ、内的に引き裂かれ、世界の形が時には根底から変わってしまうことを予想させるものである。したがって、しばしば、断絶が雪崩れうって進んでいく。『秋に待つ』の語り手が経験するのは、生活のすべての様相に渡る変化である。愛の破綻が深層からの危機と動揺の出発点となり、それによって別の土地（田舎）に移り、まったく違う生活を送ることが必要になる。「私はナディーヌを忘れるために、毎日この街で彼女のことを思い出させるものに出会わなくても済むように、パリを離れたのだ。でもそれだけでなく私は、この転居が私の生活のなかの他のさまざまなことを断ち切ってくれるのを求めていた[57]」。

(55) Hélène Gestern, *Un vertige, suivi de La Séparation, op. cit.*, p. 17:「待つのはやめる。手紙を待ちつづけて暮らすことはもうしない。失望と絶望のくり返しのなかで生きていくことはしない。思い切って断ち切る。彼がもう自宅に手紙を送らないでくれと、危険な目に合わせないでくれと言ったあと、私は本気で命を絶ったのだ。もう誰にも会いたくなかった。クリスマスの休暇は完全な沈黙のなかで過ごす。それで幸せだった。私は、二人の関係の残滓を取り除こうとしているのだと分かっていた。そして、この破壊は恐ろしい不安なしには進まないだろうということも。夜も眠らず、狂気の入り口にいると気づいていた。そしてなにより、この沈黙がもう元に戻ることはないのだと」。

(56) エレーヌ・ジェステルンのテクストとアニー・エルノーの『シンプルな情熱』を対比することができる。後者では、語り手が前者と比較可能な状況——既婚の男性と関係を持ち彼を待って時を過ごしている——に対して、別れようという思いを常にもちながら、それを拒んでいる。「絶えず、別れたいという気持ちにかられる。電話がかかってくるのをただ待つだけの状態はもうやめたい。もう苦しみたくない。でもすぐに、別れの直後に予想されることが思い浮かぶ。もう何も待つことがない日々が続いていくのだ。私は結局、どんな代償を払ってでも続ける方を選んだ——彼にほかの女が一人、あるいは何人もいたとしても(つまり、そのために私が別れようと思った苦しみよりも、もっと大きな苦しみがあるとしても)。でも、垣間見えた無の生活に比べれば、自分の今の状態は幸せに思えた。自分の嫉妬は儚い特権のようなものだと私は感じていた。それを終わらせたいと願うとしたら、私はどうかしている」(Annie Ernaux, *Passion simple*, Gallimard, coll. « Folio », 1991, p. 45-46〔アニー・エルノー、堀茂樹訳、『シンプルな情熱』、ハヤカワ文庫、二〇〇二年、六一—六二頁〕)。

(57) Charles Juliet, *Attente en automne*, P.O.L. 1999, p. 30-31.

断絶は燃え広がって、数多くの領域に及んでいく。したがって、誰かと別れるということは、より広い意味でのやり直しの出発点である。それはまた、自分自身と別れ、新しい自分を見いだすことでもある。場所を変えることによって。あるいは、その愛によって自分のある部分を規定し、その愛の破綻によって自分のある部分を破壊していった人の不在のなかで。別の場所で、一人きりになって、自分が何者なのかを見なければならない。愛から離脱することで、同時に、自分自身について何かを学んでいくかのように。

訳注（第2章）

〔一〕この時、マイケル・リチャードソンは近く結婚を予定していた婚約者である。

〔二〕原語は souffrance sans sujet. 平岡篤頼訳では「理由のない苦痛」〔訳書、二〇頁〕。ここではマランの読み筋に沿って「主体なき苦しみ」とした。

〔三〕愛する人が、実際にいなくなってしまうのではなく、目前に生きていながら、自分が愛していた存在、自分を愛してくれる存在としては、しだいに私から退き、消え去ってゆくように感じられる。その苦痛の経験をロラン・バルトは「フェイディング（Fading）」と呼んだ（『恋愛のディスクール・断章』、訳書、一六八―一七四頁）。フェイディングは、冷めていく恋愛関係のなかだけでなく、例えば「自分の孫」のことをもう分からなくなってしまった「祖母」、もう自分を愛してくれない「母親」にも見られる。死んでいなくなってしまうのではなく、「影」のように薄れて、遠のいてしまうこと。それを最も強く表すのは「声」であるとバルトは言う。

第3章　自分自身になる

時には一生をかけて、恐れや不安から自分自身への同意へといたる道筋をたどらなければならない。この人生を承認するまでの道筋を。[1]
（シャルル・ジュリエ）

私たちはしばしば、自分が自分ではないという感覚、役を演じていて、自分の本来の生の外縁にあって、それに同意してもいないという感覚をいだく。まるで、世界と自分のあいだにはいつも隙間風が吹いていて、霧のヴェールがその世界を、味気もなければ香りも

（1）Charkes Juliet, *Dans la lumière des saisons*, P.O.L. 1991, p. 44.

ない、ぼやけたものにしてしまったかのように。この世界は自分のためのものではない。自分はそれをよしとすることができない。何故とは言いがたいのだが、単純にそう感じてしまう。この生活に自分が溶け込んでしまっていることに、居心地の悪さと恥ずかしさを感じる。落ち着かず、不安定で、不安である。欠けているものがある、満ち足りないものがあると感じて、内面の緊張が急き立てるように高まり、今までの自分に別れを告げることが必要になる。自分の本当の正体は、ここ、この場所、この人たちとともにいる息がつまるようなこの現実のなかでは花開かないだろうと信じて、それが誰なのかはまだ分からないのだが、別の誰かになりたいと願う。こうした確信は必然的に暴力的である。自分と今の生活をともにしている人々、なんだかんだ言っても愛着のある人々に、自分がどれほどこの生活を変えたいと願っているのかを、どう伝えたらいいのだろう。新しい自分になるということは、同時に、苦痛な内密の断絶、真の危機を経験することでもある。自分の人生に新たな広がりを与えるためには、制服を脱ぐだけでは足りない。

『ぼろ切れ』と題された自伝的作品のなかで、小説家シャルル・ジュリエはこの内面の道のりを、その根源性と暴力性の内に描き出している。母親の死によって里親に預けられた子どもであった彼は、一二歳でエクス・アン・プロヴァンスの軍学校に入り、その後二十歳でリヨンの軍衛生学校に入学する。その道筋はきれいに引かれていたように見える。軌道に乗って、軍医になるという道。しかし、深い不安がこの若者に働きかけ、三年後に医学の勉強を放棄させることになる。真直ぐな道を断ち、列を離れ、その拘束的な枠組みになおも囚われている自分から自己を解放する。それまでの自分と別れるということは、自分のなかで生き残ってきたものを殺して、変容するということである。彼は自分のなかに刻み込まれた存在様式を一掃し、それまでの自分を断ち切らねばならない。生気のない物語となってしまった、かつての人生のぼろ切れを処分すること。

『ぼろ切れ』というタイトルは、この引き裂かれる感じをうまく言い当てている。裂かれた布、あるいは剝がされた皮膚。このタイトルのなかにジュリエは、他の人たちとの別れ、自分との決別、内なる分裂、その後に続く長い人格的な危機を凝縮させている。この別れは、たとえ避けがたい必然にしたがっている時でさえ、潰走でもあるからだ。もはやかつての生活にはぼろ切れしか残っていない。一切の意味と価値を失ったバラバラの切れ端。では、自分にはまだ何が残っているだろうか。チラシをちぎってぼろぼろの切れ端にしてしまえば、元の図柄を見いだすのは難しい。別れはまた、裏切りとしても、卑劣な行為としても経験される。新しい生活の選択を受け入れてはもらえないように思える。その時人は、泥棒のように、自分のこれまでの生活から逃げ出していくのだ。

お前は泥棒のように医学校から逃げていく。誰にも言わず、仲の良い友人たちに別れも告げず。長いあいだおまえはそのことを悔やむだろう。でも、どうして離れていくのか、彼らに説明するすべがないだろう。(…)

制服を着て過ごした一一年間から解放される。すっかり昂揚して、自分の人生が始まるのだと自分に言い聞かせる。そのことに喜びを感じ、何週間かのあいだにお前は変貌する。お前にとって、この先二〇年も続くことになる危機が始まろうとしていたのだとは、たしかに疑ってみることもできなかった。(2)

泥棒のように、今までとは違う別の誰かになろうとすることを恥じながら。他の人たちなら嘲笑うかもしれない野心に駆られていることを恥じながら。まるで泥棒のように。心のなかで、自分が彼らの仲間ではないこと、彼らに告白しなければならないことを感じているから。しかし、彼らを傷つけることなくどうやって言えばいいのか。自分が以前から、何年ものあいだ秘かに続けてきた裏切りをどう告げればいいのか。長く偽りを演じ続けてきたことをどう告白すればいいのか。

後になって、お前はもうひとつの事実を発見する。お前は自分を好きになれない。だから自分を変え、自分を作り直すことになるのだと。ひとつの要求がお前のなかに住みついている。それがお前を支え、導き、闇夜のなかに小道を開くことを可能にする小さな光になるだろう。

しかし、新しいものを建てられるようにするには、その前に古い建物を壊して、更地にしておかなければならない。はじめに、おまえのなかに生き残っている軍隊育ちの自分を葬らなければならない。その恐怖と、傷と、屈辱の記憶と、反抗と、恨みな

(2) *Id., Lambeaux*, Gallimard, coll. « Folio », 2005, p. 127.

どとともに、お前のなかに生き残っている子ども。そして、その怖れを極限まで押し進めること。不安の限界まで。罪悪感の限界まで。自己嫌悪の限界まで。悲嘆の限界まで…。そして、それぞれの最終地点に着くたびに、目を見開いて、ふつふつと湧き上がるもののなかに、お前を形作っているもののすべてについての正確な認識を見つめ、記録し、少しずつ獲得していくこと。(3)

語り手は、この内的な必然を思う。はじめはただそれに耐えていたのであるが、やがて、はっきりと感じ取るよりも先に、他の場所、別の人間へと向かっていく運動を呼び起こしていた。本来の自分へと向かうこの道程はすでに、秘かに、ゆっくりと始まっていた。別れを遂げて、その亀裂が拡大したのだ。この内なる運動が彼に働きかけ、抗いがたい緊迫のなかへとすでに彼を導いている。それは、別れを勢いづける。心の内なる矢印が導きとなり、身を引き裂く。

自分で自分に告白する前に、それを認めるよりも前に、何かが、ほとんど身体的な知として、私たちにそれを告げている。この生活が自分の息を詰まらせて、足枷となっていて、のびのびと解放されて呼吸することのできる場所へと自分を押し出しているのだと。こうした自己転換は、破壊へといたらざるをえない。制服に押し込まれて窮屈になっている存在への嫌悪から、内なる処刑がなされるのだ。軍隊という群れのなかで育った子ども、人々によって仕立て上げられてきた群生動物としての自分を殺さなければならない。一人で生きることを学び、自分で自分を決められるようになること。自己の内なる傷ついた子どもを厄介払いし、過去の火傷から自分を治癒させねばならない。夜を潜り抜けねばならない。一切の外的な属性を脱ぎ捨て、正体の空虚についての不安に耐えること。断絶の時である夜は、拘束と規範と審判のまなざしを宙づりにすることで、覚醒を得る時間だ。夜は、目に映るものの鋭さを増し、感覚が昂揚する空間をもたらす。夜には、自分自身を偽ることができなくなる。(4) 習慣のヴェールを裂いて、夜が露わにさせる真実の、明らかな現実の暴力。ついに自分が何者であるかを知ることになる。「お前自身を知る。自分のなか

(3) *Ibid.* p. 139-140.
(4)「知らぬ間に、お前はもう船に乗っていた。それを認めざるをえなかった。夜、不眠の時、そこでお前は覚醒の瞬間を与えられた。ヴェールは裂かれたのだ……」(*Ibid.*)。

に変容を呼び起こす。それによって、限界を撥ね返し、自らの枷を断ち、自分の顔を作り出しながら、自分を自分自身から放つこと。そうして、より広い、より高い、より自由な生の条件を創造すること(5)」。

「自分の顔を作り出す」とはどういうことだろう。自分の顔には、家族の似姿が刻み込まれていることを、私たちは知っている。まるで、彼らの不安さえ継承しているかのように、父や母の顔の皺にいたるまでが表れている。私たちは、好むと好まざるとにかかわらず、時にはこの家族の烙印、型通りの身振りに嫌悪すら抱きながら、低い声や甲高い声、気ぜわしい息遣い、しわがれた咳、曲がった背中、眉の顰め方を譲り受ける。私は自分の顔の上に、親の顔立ちしか見いださない。他者の歴史、さまざまな出来事が残した足跡、病気や不眠やアルコールや薬の痕跡。この顔は、本当に自分のものであるわけではない。

しばしば、顔が自分に警告を発する。顔は通知であり、ほかの人たちと同じ顔になってしまう前に、自己の固有性を失くしてしまう前に、断ち切るべき時が来たことを自分に教えている。「ぎりぎりの瀬戸際だ。ぎりぎりの。私はじきに、あの人たちの特徴的な、病的な顔つきそっくりになってしまうだろう。美容室に行って、シャンプー台のシートに横たわり、目を閉じたあの人たちの顔が鏡に映るのを見るとぞっとする。何年か先の自分。もはや隠せなくなった皺が、衰えが見えかかっている。すでに私はあの顔をしているのだ」[6]。

この時、顔を作り出すということは、文字通り自分を取り戻すということ。習慣と馴れ、強いられたつきあいによって自分に貼り付けられた仮面を取り払うということである。自分の顔を作るということ。それは、そこから自分自身ではないもの、社会的あるいは家族的なメーキャップを消し去り、自分自身の姿に描き直すことだ。人は仮面を脱ぎ、表情のない、この青白い顔、涙で洗われた顔、その疲れを受け入れる。そして、虚ろなだけでなく、薄れて、枯渇したこの顔の上に、新しい輪郭を描き出す。試練を経験し、そしてそれを乗り越えてきたという事実を、しばしば顔が、ただその顔だけでどれほど物語っていることか。それを見るのは、いつも驚きである。学校や仕事で成功を収めたことでどれほど顔が変わることか。恋愛の喜びの力でどれほど顔が輝くことか。

(5) *Ibid*., p.142.
(6) Annie Ernaux, *La Femme gelée*, dans *Écrire la vie*, Gallimard, coll. « Quarro », 2011, p. 432〔アニー・エルノー、堀茂樹訳、『凍りついた女』、ハヤカワ文庫、一九九五年、二四二頁〕。

シャルル・ジュリエの作品では、断ち切ることが必然的で、根源的で、本当の自分の到来の条件として置かれている。すべて外部から作り上げられ、厳しく子どもに課せられていた偽りの自己を脱ぎ捨てることが何よりも大事である。児童精神医学者であり精神分析家でもあるD・W・ウィニコットが、この「偽りの自己」〔一〕という概念について論じている。小児期や青春期における攻撃的ないし攪乱的な行動のある部分には、自分の存在を確かに感じたいという欲求が表れている。彼らは「自分の同一性が失われている」という感覚を抱き、反抗や挑発のなかでしか、しつけられた社会的自己への抵抗を通してしか、自分を「リアル」に感じられない。その時、不服従は不同意を表明する手段であるが、それ以上に、自分自身の実存を確かめる方法でもある。「危機」は、子どもに押しつけられたあまりにも重い社会的ないし家族的な拘束、子どもが心の底で脅威と感じている拘束について、何事かを物語っている。周囲の人々を満足させるために、命じられたことにあまりにも従順に応じてしまうことによって、こうした子どもたちは、実在感を欠いた状態に陥り、自分が「偽りの」ものになっているという印象を抱く。ウィニコットは、同僚の息子である一人の男の子の例をあげている。その子は、長いあいだ「扱いにくい子ども、悪い生徒」だったのだが、そのあと自分が良い子になってしまったことに耐えられない。こうした変貌は、その新しい同一性の内に自分自身を認めることができない子どもにとっては、逆説的にも耐えがたいものなのである。その子は、外からの期待にとてもうまく応えてしまったために、さし迫った死に脅かされていると感じている。その新しい自分が古い自分を消し去ってしまおうとしているかのように。眠ることができなくなり、目を閉じると誰かに刺し殺されるのではないかと恐れるようになる。あまりも完全に理想に応じることは、結局のところ、自分自身を否定し、自己を消し去ることに等しくなる。こうして自分ではないものになってしまうことに戸惑って、子どもは自分が失われたと感じ、この「偽りの自己」に抵抗することで、「自分」を救い出そうとする。あまりにもつるつるとした自分の姿を、彼は女の子になぞらえるのである。[7] ウィニコットが言うように、少年の心の底にあ

(7) D. W. Winnicott, *Conversations ordinaires*, « Le concept de faix soi », Gallimard, coll. « Folio Essais », 1988, p. 96〔ドナルド・W・ウィニコット、牛島定信監訳、『ウィニコット著作集3 家庭から社会へ』、岩崎学術出版社、一九九九年、五七頁〕：「学校でちゃんと勉強してるってことがだめなんだ。それは恐ろしいこと。まるで

る不安は死の不安であり、彼は自己の同一性を失うこと、もはや自分が実在しないことを恐れている。(8)

この優等生の逆説的な苦しみは、大人たちのなかにも、輝かしい職業経歴を離れることを選択して、より本質的な何かを確認しようとする者がいることを説明する。成功は時に内密の裏切りを代償として獲得され、それはついには耐えがたい茶番劇を演じているという印象を与える。私は職業的および社会的な成功が付与してくれるさまざまな属性を享受しつつ、自分の人生の脇を通過してしまったと感じるかもしれない。(9)

人は、表向きの成功者となることで他者（しばしば親）の欲望にしたがったのだ、自分の一部を兄弟や友人や同僚に譲り渡し、私ではなくその人がそれを実現したのだと感じることがある。その自分自身のなかの欠如がつらく感じられる。そうであれば、もっと「本当の自分にふさわしい」仕方で自己を再確認するために、生き方を根底から変えることが必要になる。

おそらく、内なる断絶は多様な形を取り、すべての断絶は必ずしも、シャルル・ジュリエが示したそれほどには過激で断固とした形を見せないだろう。しかし、自己を見つけだそうとして危険を冒すことは、同時に自己を失うリスクを取ることでもある。ジュリエが見事に描いているように、この自己への歩みは厳しい危機である。自分自身が何者であるか、何者でありたいと望んでいるのかを発見できるかどうかは、必ずしも確かなことではない。しばしばそれは、長い時間にわたる自己についての問いかけの結果である。その時には、自己の同一性についての確信よりも、自己を偽っているのだという感覚の方が、自分の背中を押して別の誰かになることをうながすのであり、自分がどこに向かっているの

女の子になったみたいなんだ」。

（8）「この一〇歳の少年は、私に説明することができた。自分がよく勉強すれば、父親との関係がよくなる、けれど、しばらくすると自分の同一性が失われ始める、と。（…）そうなった時には、先生が怒り出すようなことをわざとする。そういうやり方で、自分の現実感を得ていたのだ」(D. W. Winnicott, *op. cit.*, p. 97〔訳書、五七―五八頁〕)。

（9）Anne Dufourmantelle, *Se trouver*, JC Lattès, 2013, p. 34：「人は、その職業において十分な満足を得ながら、自分自身の大きな部分を未開拓のままに取り残してしまったと感じることがある。（…）成功に彩られているにもかかわらず、自分が内面では失敗を経験しているということを認めるのはとても難しい」。

かはっきりと分かっているとは限らないのである。まずは否定的な形で、断ち切ることの必然が課せられるのであり、フラストレーションのなかに、あるいは欠如感のなかに、模造の生活から自分を引き離す力を見いだしていくのである。そしてまた、自己への羞恥心が、別の誰かになることを後押しする。断ち切るということは、自己を肯定し、自己を発見したいという願いに応え、上昇の論理や正統性の見通し（自分自身になる）のなかでなされる時でさえも、同時に、罪の色彩を帯び、裏切りの感覚をともなう。作家ピエール・ベルグニューが示唆的なタイトルの著作『二度生きる』において正確に述べているように、「新しい時へと移行する」ためには、「もう一度生まれる」ためには、「それまでの世界で死ぬ」ことが必要なのである。新たな癖を身につけ、古い世界を消し去ること。「その作業には代償がともなう」[10]。断ち切ることはそれほど簡単ではない。階級を離脱した人々の思いは、その人がどのような社会的上昇を遂げようとも、出身階層への愛着が持続することをよく示している。離脱は決して全面的にはならない。近親者たちとはもうなんのつながりもないと感じられたとすれば、羞恥の感覚も生まれることはないだろう。だが、あたかも自分がその責任を負っているかのように、その人々のありよう、その人々が表しているものを、自らが担い続けるのである。私は身内の人々のかすれたイメージを内面化し、そのイメージが私のイメージを汚染している。[11] 哲学者シャンタル・ジャケは、スピノザから「心の動揺（fluctuation animi）」［二］という表現を引いている。魂は、異なる感情の極のあいだで揺れ動く。自己の位置取りに関するこうした感覚の両義性、内的な動揺――かつて家族や社会や愛情によって埋め込まれたものの痕跡と、新たな帰属とともに生まれる要求とのあいだの動揺――は、おそらく、あらゆる形の断絶に共通のものである。古い世界を一掃してしまえという声、つながりを断ち切って、かつての自分を葬ってしまおうとする思いあがった心は、亡霊の力量、身体の記憶、感情的習慣の力、子ども時代に打たれたくさび

（10）「高校を卒業した後、僕たちははじめて一斉に外に出た。僕たちは外の世界、大都会、高等教育、自分たちから生まれる思考の中身を発見していった。そのためには、言ってみれば、自分たちがそこで癖を身につけた古い世界と、したがってまた自分自身と決別し、別の場所で、僕たちに約束された新しい時に、もう一度生まれること、何かに成り代わっていこうとすることが必要だった。その作業には代償が伴う。自分を変えるのは楽じゃない」（Pierre Bergougnioux, *Exister par deux fois*, Paris, Fayard, 2013, p. 15)。

（11）Chantal Jaquet, *Les Transclasses ou la Non-reproduction*, PUF, 2014, p. 169.

の重さを軽んじている。慣れてしまった自分の生き方をやめるためには、場所を離れるだけでは十分ではない。自らの皮膚に染みついたものを忘れるためには、ひとりの誰かを棄てるだけでは十分ではない。

実際のところ、断ち切るということは、絶えざる剝奪のやり直し、落ち着きなく内面の行きつ戻りつをくり返すことである。それは、長い時間にわたる内密の離脱作業、距離を取って、心をなだめていく作業である。断絶が自己の内に呼び起こす感覚の暴力を飼い慣らさなければならない。別れがもたらす動揺の避けがたい結果としてその感覚に耐え、少しずつそれを手なずけなければならない。私から断ち切るにせよ、私が棄てられるにせよ、別れは内なる動乱なのである。

訳注（第3章）

〔一〕ウィニコットによれば、人には誰にも「礼儀正しく社会化された自己」と「親密な関係にならないと作動しない私的な性格をもつ自己とがあり」、それ自体は「正常」と言える。しかし、こうした自己の分裂が「精神の分裂」として現れる時、それは病理的なものとなる。社会的に実現された「自己」に現実感が得られなくなると、この「偽りの自己」に対して「本当の自己の意義を確立、再確立しようとして、人生が困難になる」ことがある（D. W. Winnicott, *Home is where we strat from*, the Winnicott Trust, Mark Paterson associates, 1986〔D・W・ウィニコット、牛島定信監訳、『ウィニコット著作集3　家庭から社会へ』、岩崎学術出版社、一九九九年、五五―六〇頁〕）。

〔二〕スピノザにおいては、人間存在をより「大きな完全性」へと移行することが「喜び」であり、「より小さな完全性」へと移行することが「悲しみ」であるが、「同一の対象が多くの相反する感情の原因」となりうる。「二つの相反する感情から生じる」精神状態が「心の動揺」と呼ばれる（Spinoza, *Ethica*, 1677〔スピノザ、上野修訳、『スピノザ全集Ⅲ　エチカ』、岩波書店、二〇二二年、一三四―一三五頁〕）。

第4章　散逸の喜び

「人はおそらく、たったひとつの『私』のために作られているのではない」[1]
（アンリ・ミショー）

しかしながら、前章での解釈においてはひとつの本当の自己があることが前提にされている。ひとつの深層の同一性が存在し、社会や家族の圧力が個人を締めあげ、窒息させるような地位へとこれを封じ込めてしまうことがあるのだと。真実の自己と偽りの自己が存

（1） Henri Michaux, « Difficultés » [1930], dans *Plume* précédé de *Lointain intérieur*, Gallimard, 1963, p. 216〔アンリ・ミショー、小海永二訳「『遠き内部』あとがき」、『アンリ・ミショー全集Ⅰ』青土社、一九八七年、四六七頁〕。

在する。本当の顔と仮面が存在する。疑いの余地のない、必然的な姿形があり、自分が真に存在しているということを人は直感的に知りうるのだとされている。しかし、常にそうだろうか。私たちは小さな断絶の連続によって作られたもの、状況に応じて組み合わされる別々の同一性の並列なのではないだろうか。私たちの同一性とは、必然も法則もなく偶然によって準備された、存在の断片の配置にすぎないのではないだろうか。それどころか、深層において多面的であること、ひとつの同一性の内に閉じ込められていないことの喜び、さらにはその必要があるのではないだろうか。

新しい人間を出現させるこうした内なる断絶は、単に苦痛であるだけでなく、深層からの不安と高揚感を同時に喚起する。断絶は、主体の基礎をなす表象を、その恒常性、連続性、持続性において問い直す。私たちの存在の単一性についての問いを提起するのである。詩人アンリ・ミショーが主張するように、人はおそらくたったひとつの「私」のために作られているのではないのだ。

『私』は仮のものでしかなく（向き合う人によって変わる。別の言語、別の芸術のなかで、相手次第で変化する『私』）、新しい人物を抱え込んでいる。ひとつの出来事、ひとつの感情、脳髄への一撃が先にあった人物を排除し、新しい人物が解放される。そして、誰もが驚くのだが、しばしばそれは瞬時に形作られる。つまり、そいつはすでにすっかりできあがっていたのだ。人はおそらくたったひとつの『私』のために作られているのではない。そこにこだわるのは間違いだ。単一性を前提とすることには」(2)。

私とは、もろもろの偶発事がそうあらしめたものにほかならないのではないか。常に変わらぬ主体の存在を信じる理由があるだろうか。そうではなく、偶然によって生起する無数の内なる人物が存在するのではないだろうか。今ある私は、常に、たまたま現れたものではないだろうか。ミショーに言わせれば、単一性を前提としてしまうと私たちは目をくらまされることになる。各個人に安定した固有の同一性が存在するのだという原則から私

(2) *Ibid.*〔訳書、四六六―四六七頁〕。

たちは出発し、そこにひとりの人間がいるのだと想像する。だが、実際のところ私たちは、おそらく、複数の人物の束でしかない。主体の単一性を当たり前のように選り好む理由があるだろうか。

この「単一性の前提」は、ニーチェが示しているように、おそらく文法に由来している。私たちの使っているヨーロッパの言語が人称に応じて活用するがゆえに、ひとりの私がいると信じているのである。絶対的な固有性を形作る一人称の人間たる「私」が存在するのであろうと。主体の単一性についてのこうした考え方は、古くから私たちの内に根づいている。それは、子どもに対する最初のしつけの時からすでに言葉にされている。「気をそらさないで、集中しなさい（＝自分を散漫にせず、自己に集中せよ）」。おそらくそのようにして、統一されたひとつの主体という理想、ひとつのことに自分を集中し、そうすることで自己を統一し、束ね、一者としてあることのできる主体が少しずつ形作られていくのだ。

しかしながら、私たちは常に散逸している。私たちが自分の生活に耐えることができるのは、まさに他所《よそ》に思いをはせることができるからであり、空想のヴェールで覆って現実と戯れることができるからである。現実の上にいつも何かを投影し、幻想のイメージを重ね置くことで、それを耐えうるものにしているのだ。

アメリカの古いテレビドラマのなかで、父親が家の敷居をまたいだ瞬間に中間管理職であることをやめるシーンがあったが、それと同様に、ひとりの自分を休ませて別の自分に成り変わるためには、自分のなかに複数の異なる人間がいることが必要である。その父親は、犬の引き綱か首に巻かれたロープでもあるかのように、いかにも意味ありげな身振りでネクタイをはずし、なみなみと注いだウィスキーのグラスを手にするのである。

サラリーマンに限らず、私たちはみな上着を脱ぎ捨て、ソファーに転がり込み、たったこれだけのことで別の誰かになり、肉体的にも別の姿になって、自分を休ませ、自分のなかの怠け者を解き放つことを必要としている。それは単に、私たちがさまざまに異なる役割を演じているということだけではない。自分という存在はひとつのものではなく、いくつもの顔のもとに現れるということなのだ。ベルクソンは万華鏡のイメージを好んでいたが、これを主体像に適用することができるだろう。場面、状況が私を別人にさせる。私は、自分でそう思っていたものとは全く違う自分を発見するかもしれない。私の同一性のパレットが広がる。危険な状況に立たされれば、勇気ある衝動を発揮できるかもしれない。

思いがけず、母性的な献身ぶりを見せるかもしれない。あるいは、仲間を裏切る卑怯者としてふるまうかもしれない。

多元的主体性、主体の単一性の根底的な欠如という考え方は新しいものではない。哲学者クレマン・ロセ(二)が『メキシコ講演』のある回において示したように、それは古くから哲学者たちを悩ませてきた問題だ。ロセは、主体は根底において空虚であるという可能性を大真面目に取り上げ、同時代の人々を大いに驚かせた。人々の目には、そんな話は冗談でしかありえないと映ったのである。

> 私たちの各々がひとつの人格的同一性を有し、それは生涯を通じて維持される心理的かつ性格的な統一性をともない、一種の恒常的な事実を構成し、私たちの人生上のいかなる偶然によっても深層においては変更されないような不変性をもつという考え方は、いかなる批判的反省によってもその自明性を揺るがすことができないように思われる信念である。(…)

『私から遠く離れて』という著書を刊行し、私がそこで、社会的同一性以外の人格的同一性の存在に異議を唱えた時、私の試みを賞賛する書評がこれを興味深い逆説と見なしているのを読んで、驚かされたほどである。彼らにとってそれは、明らかに良質なジョークでしかなかったのだ。結局のところ、私は私、彼は彼であり、それは明らかであって、誰もが知っていることだというわけだ。ハドック船長〔二〕が、『ななつの水晶球』の冒頭で成金の習慣と暮らしぶりを装ってみたところで、彼はやはりハドック船長であり続けるというわけだ。(3)

この一節からは、人格的同一性という観念が、自己を内なる要塞と見るような表象に支えられていることが分かる。私が私としてあること。何ごともそれを解消し、解体することはできないだろう。自己は堅固で、揺るぎなく、不変である。何ごとも私を別の誰かにしてしまうことはできない。たしかに別人のふりをすること、なりすますことを楽しむことはできるが、根本のところで、私は自分が何者であるのかを知っている。私。私は私で

(3) Clément Rosset, *Tropiques. Cinq conférences mexicaines*, Édtions de Minuit, 2010, p. 31-32.

ある。この同語反復が絶対的な自明性の表現であるかのように、人は言う。しかし、絶対に確かなのは、自分が「自己」をもたないのではないかという不安、影響を受けやすく、人生のもろもろの偶然に応じて揺れ動く存在であることへの不安である。だがしかし、人は同じ自己の内に二度入ることができないとしたらどうだろう。自分でそう思い描くことができる、あるいはそう思い描きたいと願う以上に、自分は移り気で変わりやすいものだとしたら。この仮説は挑発好きの著作家による空想ではないとロセは言う。そこに、『パンセ』におけるパスカルの問いかけの根底的な意味がある。(4) モンテーニュやヒュームは、自己の非実在性という問題を真剣に考察していた。「というのも、自己は知覚不可能だからだ」とヒュームは主張する。(三) だとすれば、その存在を何に基礎づけることができるのか。それは、ひとつの信念、そして何より、根底には何もないのではないかという不安の表現にほかならないのではないだろうか。私の記憶が保証してくれるであろうこの統一性、内的な連続性の導きの糸は、幻想に過ぎないのではないだろうか。それに、私の記憶が本当に私のものであると誰が言えるだろう。それもまた、ロセがほのめかすように、ベルクソン的な万華鏡のイメージに通じる、出来事の回転に応じるわずかな偶然によって配置された、他者たちの記憶のコレクションに過ぎないのかもしれない。「私の記憶は万華鏡のようで、つきつめれば、その生みの親は想い出の数と同じだけの人々に帰することができるだろう。モンテーニュの言うパッチワークのあて布と同様に[5]」。

万華鏡、パッチワーク、いったいどれだけの人間が私のなかにいるのだろう。そして、なぜそのことに不安を覚えるのか。分解可能であること、潜在的に常に異なるものであることは、それほど悲劇的なのだろうか。固定されて安定した同一性の内に封じ込められているより、その方が面白いのではないだろうか。それに人は、そのような安定した存在の様態がそもそも可能なのかと問うこともできる。流動的で可変的な主体以外のものになり

（4）「ここで自明性と言われているものは、まやかしの自明性である。冗談好きの精神からは程遠い哲学者たちが、私に言わせれば異論の余地のない形で立証してきたように。パスカルや、『パンセ』に登場する多数の、自己についての批判者たちがそうであった。（…）というのも、もし自己が憎むべきものであるとすれば、それは基本的に、自己が存在しないからである。少なくとも、人格的実体としては」（*Ibid.*）。

（5）*Ibid.*, p. 34-35.

ようがあるだろうか。それに結局のところ、常に他なるものになっていく喜びがあるのではないだろうか。

精神分析学者J－B・ポンタリスによれば、生活のさまざまな部分と、それぞれが自分に担わせる役割は、私たちの存在におよそ一貫性のない形を与えている。それは、つながりもなく、論理もなく続いていく夢の場面に似ており、不快な散逸の感覚を生みだす。

私の日常のある部分は非常に断片化されており、非常に多様で、おそらくは両立しがたい役割を私に担わせている。それは、自分が異なる場所を経めぐり、表向きつながりのない顔や人物が次々と現れ、目が覚めた時に苦痛な散逸の印象が残るような夢のなかでの出来事のようだ。(6)

ポンタリスは、こうした複数の役割の内のひとつにとどまってそれを十分に充たすことができないことを嘆いているようである。しかし、それはただの役割にすぎないわけではないし、単に苦痛なだけでもない。人生に面白味と苦しみをもたらしているのは、自己の同一性の多面性であり、まさにその可変性にほかならない。ひっくり返して言えば、たったひとつの役割、たったひとつの領域に限定された生活とはつまるところ、ただの反復となり、すでに経験されたことを日々、いささか戯画的に模していくだけのものになるだろう。こんな自動機械のようになってしまえば、暮らしは生彩を欠いたものになる。慣性の誘惑、物質の魅力に抗い、硬直した同一性の安逸に抵抗し、もはや何ひとつ生き生きとしたものも新しいものも生まれない存在様式にはまり込んだままにならないようにしなければならない。(7) ベルクソンは警告している。私たちは「こわばった習慣の安易な自動反復に流され(8)」てはならない。そうなれば、気づかぬ間に喜劇的なものになってしまうだろう、と。

そうだとすると、かの散逸は基本的に必要なのだという考えを擁護することができるだろう。自分自身であり続けようとする努力がもたらす緊張を回避するために、人間はおそ

(6) J.-B. Pontalis, *En marge des nuits*, Gallimard, 2010.
(7) *Cf.* Henri Bergson, *Le Rire*, PUF, 1991, p. 22〔アンリ・ベルクソン、増田靖彦訳、『笑い』、光文社古典新訳文庫、二〇一六年、五二―五三頁〕。
(8) *Ibid.*, p. 14〔訳書、四一―四二頁〕。

らく、自らが命を吹き込む人物を増幅させる必要がある。ベルクソンが最初に、ひとりの人間であることの疲れ、統一的な内的持続性が意識に強いる緊張を強調し、意識が時々自らに与える気晴らしの瞬間をつきとめたのだ。笑いや夢、さらにはまたある種の記憶や知覚の異常は、集中を続けてへとへとに疲れてしまった意識にとっては気晴らしであり、休息なのである。(9)

マドリッドで行われた人格についての講演において、ベルクソンは、人格の分離や二重化といった現象、「人格の断絶や断裂」が生じる「例外的状態」に関心を向けている。「その経験は、しばしば［内的生の］流れが中断され、内的生の連続性が砕かれて互いに独立した断片となることを証明しているように思われます(10)」。ベルクソンは、人格が崩壊する可能性については懐疑的である。「私は、一人格がガラスのように割れて無数の断片と化してしまいうるとは思いません(11)」と彼は言う。割れてしまう物質の硬質なイメージよりも、ベルクソンは、圧縮されたり緩んだりする意識のより可塑的な表象を好む。意識は常に、弛緩して不連続性に流されてしまう誘惑に抗して闘わねばならない。「内的生の流れを絶えることなく進め［させ］るためには、強くばねを締めておかねばなりません。（…）

人は、ばねを締めたままに保つようになり、その意識的生の流れは断片に分裂することなく持続的に進んでいきます。それには努力が必要で、そこにはくたくたになるほどの努力が表れています。ひとりの人であることは疲れることなのです[12]」。

この努力によって消耗した主体に対して自然が「休暇」を与えるのだ、とベルクソンは言う。彼が検討している健忘や人格の二重化といった現象が生じる理由はそこにある[13]。人は通常の、あるいはいつもの人格を括弧に入れ、自分を楽にさせるために他の人格に飛び込む。そうした分離のなかで、別様の存在となる気安さを自らに与えているのである。し

(9) Élie During, « Introduction », dans Henri Bergson, *Le Souvenir du présent et la fausse reconnaissance*, PUF, 2012, p. XXVIII :「人間であること、一人格であることは（…）絶えざる調整の努力を必要とする。それゆえ、一人の人であることはこれほどまでに疲れることなのだ。（…）重要な気晴らしあるいは休息、存在することの疲れは、自らの思考と行動に一人格であることを認めさせるような連続性を授けるために必要な、『くたくたになるような努力』をいつ何時中断させてしまうかもしれない」。

(10) Henri Bergson, *Conférence de Madrid sur la personnalité* (1916), dans *Mélanges*, PUF, 1972, p. 1224.

(11) *Ibid.*, p. 1225.

(12) *Ibid.*

(13) *Cf. ibid.*, p. 1226.

かしでは、なぜこうした離合は無意識的で病理的な形でしか生じないのだろうか。なぜ、ひとつの存在様式から他の存在様式への運動を、一種の倫理として、集中と統一によって疲れ切ってしまわないことをまさに可能にするものとして考えないのだろうか。なぜ主体を、複数のメロディラインによって構成されるもの、ひとつのメロディが他のメロディに重なったりつながったりするものとは考えないのか。

もちろん、ベルクソンからはこうした倫理の諸要素を汲み上げることはできない。しかし彼は内的多元性を思考することを可能にする道筋を示してくれる。この同じ講演において、ベルクソンは、私たちはもともと豊かな内的多元性を有しながら、人生をたどっていくなかで次第にそれを失うのだと論じている。

私たちの人生の過程で、多数の人格がいかに現れるのかを示すのは非常に興味深いことでしょう。それらの人格は争い合い、競い合うようになり、私たちの人生はその内のいずれかを選択しなければなりません。(…) この潜在的な道徳的人格の多元性が、とりわけ子ども時代においてどのように描き出されるのかを見るのは面白いことです。（…）それら複数の未来のなかから、最も輝かしく、最も複雑なものが実現されるのだと仮定してみましょう。そのほかのものはいつか犠牲にされてしまわなければならず、多くの可能性は永遠に失われてしまうことでしょう。子どもが成人になっていく時も同じです。私たちが人生の歩みを進めていくにしたがって、可能であった数多くの人格を投げ捨ててしまうのです。

だが、その逆だったらどうだろう。成長とは反対に、そうした複数の人格性、あるいは少なくとも複数の存在様式を備えていくことであったとしたら。ベルクソンは、芸術家や詩人や小説家を、自分が秘匿している潜在的人格を文学作品上の人物に変えることで、そこに命を与えることのできる人間と見なしている。私たちの各々が人生の歩みを進めるにしたがって可能な人格性のほとんどを放棄するのに対して、芸術家は、その創造によってこれに姿形を与えるのであると。しかし、そうだとしても、芸術家が成し遂げること、すなわち「そのひとりの人生のなかに潜在的に包摂されていた、それらの人生のすべて」を「自分の外に押し出し」「現実化する」ことが、どうして私たちにできないことがあるだろうか。

　なぜ、たった一回ではなく、五十回生きることができないのか。[14] そうありうるとすれば、可能性を投げ捨てながら続いていく人生ではなく、樹木のように枝分かれしていく人生を考えることができるだろう。それが実現されていくなかで、新しい引出しを開く力を備え、危険を冒して他の形を取り、他のリズム、他の生活様式を展開させ、自分の複数の可能性を開拓するような人生。その複数の能力を放棄せねばならないと思うのではなく、私たちはそれを発展させるのだとは考えては、なぜいけないのだろう。人はさまざまな可能性を失い、狭めることによってしか、自分自身になれないのだろうか。

　というのは、私の存在が、試練や失敗や取り返しのつかない喪失に出会って砕ける時、私のなかにそうしたたくさんの可能性が存続しているということがまさにチャンスになり、資源にもなるからだ。ベルクソンが語る様々な人格性は、彼が言うように競合しあうのではなく、共存するのだと想像してみることができる。ひとつの人格が他の人格を引き継ぎ、支え合い、重なり合い、互いに養い合うのではないかと。そうだとしたら、子ども時代の自分を喪失するのではなく、その子どもはずっと私のなかにいて、それとともにその子のもっていた豊かな可能性も残っていることになる。「人は、いかなる瞬間にも、すべての年齢を保持している」[15]。

様々な身分や年齢や感性や経験がこうして内的に組み合わされているとすれば、私たちは、自分が自分でしかないことの重みから解放され、楽しく刺激的に散在することができるだろう。そしてまた、人生の行程を、「自分を取り巻く亡霊たちに再び息を吹き込み、(…)自分自身をよみがえらせる［であろう］」[16]運動と考えることができる。

(14) *Cf. ibid.*, p. 1217 :「ドン・キホーテとサンチョ・パンサは(…)詩人自身です。彼らはセルヴァンテス自身なのです。セルヴァンテスがそうありえたであろう存在。彼らの人生は、彼がもしたった一回ではなく五十回生きたとしたら、そのように生きたであろう人生なのです」。

(15) Pierre Bergounioux, *Exister par deux fois*, *op. cit.*, p. 157, 185. ピエール・ベルグニューはそこで精神分析家グロデックを引用している。「外見的には、私は時が私を形作ったところの、ある年齢の男性であるが、入れ子人形のなかには、過去の一日ごとにあった自分がすべてはめ込まれている」。

(16) Henri Bergson, *La Pensée et le Mouvant*, « L'Intuition philosophique », PUF, 2011, p. 142〔アンリ・ベルクソン、竹内信夫訳『思考と動くもの(新訳ベルクソン全集7)』白水社、二〇一七年、一七八頁〕。

もちろん、このように折り重ねられた様々な同一性を、それだけの数の社会的、文化的、家族的、職業的な要求として生きていくことに疲れ切ってしまうかもしれない。自分の力を発揮して担わなければならない役割が増大していくことによって、自分自身であることへの疲れが生じる。[17] 良き母であり、信頼される有能な仕事仲間であり、手際のよい妻であり、ずっと魅力的な恋人である。それぞれの存在様式が重荷となって課せられるように思われる時、そこに、主体の刺激的な散逸、生活のバランスの幸福な分散を見ることは難しい。

また、解離的な病理の悲劇的な現実を無視することもできない。危機的な狂気にとらわれ、分裂と妄想に襲われた時のモーパッサンの言葉を思い起こすことができる。「私は自分自身から離れてしまいたい[18]」。夢のなかで、執筆をすることで、旅に出ることで、自分自身を穏やかに手放すことが常に可能なわけではない。「崩れ落ちて、すべてが溶解する混沌のなかに落ち込むことなく、自分自身から離れていく[19]」ことにいつも成功するわけではない。本章の冒頭に掲げたアンリ・ミショーの言葉は、大きな心理的苦しみを負う患者の解離体験と共鳴する。そこには、ベルクソンが記していたような「休暇」ではなく、まぎれもない主体の放棄、あるいはその内的な断片化が生じる。「人は、干からびた状態になり、自己を不活性の状態に置くこと、かつまた、自己を断片化することを通じて、自らの姿を消すことがある」[20]。主体がもはや統一化の努力を担わず、自己の総合に必要な緊張に耐えられない時には、人格に罅が生じ、しばしば多重化して悲劇的で苦痛な内的混沌へと落ち込んでしまう[21]。ダヴィッド・ル・ブルトンが言うように、病者は意図せざるままに、自分を社会のなかに挿入し一個の存在としていた「自分の顔と固有名」を放棄する。自分自身のものである同一性が担いきれぬように見え、そのほかの逃走の手段を取ることがで

(17) *Cf.* Alain Erhenberg, *La Fatigue d'être soi*, Odile Jacob, 1998.
(18) J.-B. Pontalis, *En marge des nuits*, *op. cit.*, p. 48. による引用。
(19) *Ibid.*
(20) David Le Breton, *Disparaître de soi*, *op. cit.*, p. 72.
(21) *Cf. ibid.*, p. 73:「通常、自己の統一は個人による努力、それを脅かす解離に対する抵抗の所産である。ある種の状況、とりわけトラウマ的状況においては、この統一が部分的に断たれ、人格に罅が生じ、数えきれないものになる。分割は防衛の一様体である。それは、私たちの社会に固有の考え方に抵触する。その考え方によれば、各個人はただ一つだけの人格を有し、唯一の顔と名、戸籍、自らに固有のものである歴史を授けられているとされている」。

きなくなってしまった時、精神疾患は自分で自分を逃れるひとつの様式となるのである。哲学者カトリーヌ・マラブーは「破壊による変身」[22]に言及することで、そのように分析している。こうした変身においては、いかなる主体化も可能にしないような解離のなかで、主体は消失し、自らの同一性を投げ捨てる。[23]そこにはもはや悲劇すら存在しない。その悲劇を生きて苦悩する主体がもはや存在しないからである。[24]

こうした主体の散逸は、上に見たような破壊的な心理的窮地に陥らない時には、私たちが自分を自分自身に開示する様式について深い問いを投げかける。私たちは深層の必然に従ってではなく、むしろ偶然によって「自分自身」になることもあるだろう。自分が自分に立ち現れる様式は、必ずしも決断や意図的切断によるものとは限らない。時には、めぐりあわせによって、思いがけぬ主体の姿が自分のなかに出現する。その時人は、何の準備もないまま、不意に、偶発的に自分自身になっていくのであろう。時に自己は、予期していなかったところに現れる。[25]試練を潜り抜け、そこから治癒していく同一性ではなく、瞬間のなかで即興的に現れる、予見されざる、未知の自己があるのだ。「試練に先立って沈潜していた性格が衝撃によって顕わになるのではなく、失敗してはじめは調子が狂っても、それに対して臨機応変に即興的応答がなされるのだ。平静を装うかのように、大急ぎでひとつの主体を自ら発明するのだ(26)」。

(22) Catherine Malabou, *Ontologie de l'accident*, Léo Scheer, 2009, p. 17-18 :「破壊による変身は、逃走の等価物ではない。それはむしろ、逃走することの不可能性が取る形である。逃走することが唯一の解決策であるような場にありながら、逃げることができないということ。逃走することの不可能性は、極端な緊張、苦痛、不快が、存在せぬ外部に向かって圧力をかける状況のなかで考えられなければならない」〔訳書、二〇―二一頁〕。

(23) *Cf. ibid.*, p. 18 :「自己逃避する同一性、逃走の不可能性から逃走する同一性の構成である。これもまた、見捨てられ、分離された同一性であり、それは自らをふり返ることはなく、自分自身の変容を生きることも、それを主体化することもない」〔訳書、二二頁〕。

(24) *Cf. ibid.*, p. 21 :「変化はより一層根源的で、暴力的にならざるをえない。それだけに、必ず〔存在の〕断片化が生じる。主体の主体自身に対する不和が最も亢進した場合、その葛藤が最も深刻な場合には、もはや悲劇的な像すら構成しない」〔訳書、二八頁〕。

(25) *Cf.* Mathieu Potte-Bonneville, *Recommencer*, *op. cit.*, p. 13.

(26) *Ibid.*, p. 14.

著書『折れた腕』においてアンリ・ミショーは、大したことがないように見えたアクシデントや躓きの衝撃によって展開されていく、生と同一性の新たな形について考察している。しかしそれは、自分自身について興味深い探求を掘り下げていく機会なのだ。そこでは、自己の同一性の断片の一つひとつ、自分という存在のすべての側面が探究されねばならないだろう。それは複数の顔をもち、それらは人生の偶発事に応じて姿を見せることだろう。ありふれた躓きが存在をくるりと回転させ、自己の多様性をめぐる思考のなかに導き入れる。自分のぎこちない一面、その不器用さを見いだし、同時に、ためらいがちでおずおずとした生き方を自分のものにしていく。しかし、それもまた自分が知らなかった、自分自身のあり方なのだ。

訳注（第4章）

〔一〕クレマン・ロセ（Clément Rosset, 1939-2018）はフランスの哲学者。長くニース大学で教鞭をとり、『現実とその分身――錯覚にかんする詩論』（*Le réel et son double*, 1976〔金井裕訳、法政大学出版局、一九八九年〕）など多数の著作を著した。『私から遠く離れて――同一性についての研究』（*Loin de moi, Étude sur l'identité*, Les Editions de Minuit, 1999）では、「人格的同一性（identité personnelle）」の実在性について批判的考察が展開されている。人々は、社会生活のなかで割り当てられる身分やそこで表出される属性としての「社会的同一性（identité sociale）」に先行して、「私」が「私」として有する同一性＝人格的同一性が存在すると考えている。しかし「自己は知覚されえない」、ゆえにその存在は想像の働きによって仮構されたものにすぎないというデイヴィッド・ヒュームの考察を継承して、ロセは、「人格的同一性とは、私の実在の（そして社会的な）人格にとりつき、私の周りをうろついている亡霊的人格であり、しばしばすぐ近くにあるが、まったく蝕知不能で到達不能である」（p. 28）と主張する。人格的同一性とは、「中身のない」あるいは「無言のメッセージに満たされている」「封筒」（p. 39）のようなものであり、人は決して自己の固有性の認識にはたどり着けないし、「人格的同一性の感覚」は「生きていく上で有益」（p. 84-85）なものでもない。他方で、「人格的同一性」は、道徳的ないし法的秩序を維持するためには有益なものであり、そうした社会的要請に基づいてこのような曖昧で見通すことのできない概念を構築しているのである（p. 90）。

マランは、存在の同一性を「習慣」によって形成されるものとしており、不変的で実体的なものとは見なさないという点で、ロセの立場に近接する。しかし、マランにとっての「習慣」は生命の秩序に根差すものでもあり、同一性を「社会的な仮構」として位置づけるロセの立場と必ずしも一致するものではない。

〔二〕ハドック船長は、ベルギーの漫画家エルジェの「タンタンの冒険」シリーズに登場する人物。大酒飲みで、情緒不安定で、騒々しく、すぐにかっとなる性格。『ななつの水晶球』（一九四八年）では、ムーランサール城で富裕な生活を送る城主として登場するが、物語の終盤には、パイプをくわえ、胸に錨のマークが入ったマリンブルーのセーターをまとったいつものハドック船長の姿に戻る。(Hergé, *Les Sept boules de cristal*, Casterman〔エルジェ、川口恵子訳、『ななつの水晶球』、福音館書店、一九八五年〕)

〔三〕イギリスの経験論哲学の完成者とも言われるデイヴィッド・ヒュームは、人間が知覚する経験の外部に客観的な世界が存在するわけではない、と論じた。『人間本性論』(David Hume, *A Treatise of Human Nature*, 1739-1740〔デイヴィッド・ヒューム、木曾好能訳、『人間本性論 第1巻 知性について』、法政大学出版局、一九九五年〕)によれば、「精神には、その知覚、すなわち印象と観念、以外の何ものも、けっして真に現前しない」のであり、「外的対象がわれわれに知られるのは、それらが〔われわれのうちに〕引き起こすところの知覚によってのみである」。したがって、外的存在の「観念」は、「存在している」ものとして人々が思念するもの、すなわち「対象」の観念と同一である〔訳書、八五―八六頁〕。このように、知覚の外部に実体は存在しないことを踏まえてヒュームは、存在の「同一性」は印象の類似、その移行の連続性に結びつけられた「観念」であると言う。そして、私たちが「自己(self)」あるいは「人格(person)」の「同一性」と呼ぶものも、次々と移り行く印象の束に「単純性と同一性」を想像しようとする働きによって構成された一種の虚構に他ならない。「精神は、様々な知覚(表象)が次々とそのうちに現われる、一種の演劇(theatre)である。そのうちにおいて、様々な知覚が、通り過ぎ、引き返し、滑り去り、限りなく多様な姿勢と位置関係でたがいに交わるのである。正しく言うならば、そこでは、一つの時点にはいかなる単純性もなく、異なる時点を通してはいかなる同一性もない」〔同、二八七頁〕。

第5章　事故に遭った人

「苦しんだことが無駄にならないことを、私は強く願ったのだった」(1)
（アンリ・ミショー）

『折れた腕』において、アンリ・ミショーは、ちょっとした事故がもたらした生活の断絶について書いている。彼は滑って、転んだのだ。しかし、この転倒で折れてしまったのは、彼の右肘だけではない。この世界とのつきあい方、慣れ親しみ、簡単な生活が損なわ

（1）Henri Michaux, *Bras cassé*, Fata Morgana, 1973, p. 10〔アンリ・ミショー、小海永二訳、「折れた腕」、『アンリ・ミショー全集II』、青土社、一九八六年、五一二頁〕。

れてしまった。「転んでしまった。私の左半身＝不器用な存在（mon être gauche）〔一〕だけで立ち上がった。そして、すべてがまったく精彩のないものになってしまった(2)」。

ミショーが見いだすのは不器用な自分自身。ぎこちない存在。しかし、それは新たな存在でもある。見慣れない、でも、自分自身の存在。「不器用な彼自身の存在」だ。しかし、この転倒はまったく派手なものではない。文字通り、強く印象に残るようなものではないのだ。彼の身に何かを刻み込むわけではないし、特に目立ったものがあるわけでもない。ほんのわずかな可視的な痕を残すだけだ。ミショーはこのごく小さなしるしとこの出来事に感じた暴力性との隔たりに驚く。その出来事は、言葉のあらゆる意味において、彼を地におとしめたのである。「カラマツの落ち葉が、青いウールの上着と汚れてしまったズボンについている。私の服にこの出来事が残したのはそれだけだ。しかしそれは、私を完全に変えて、不具にしてしまった(3)」。

「不－具（in-firme）」〔二〕。彼は、身体的にもまた心理的にも、堅固で確かなものを失くしてしまったのだ。転倒がその人のすべてを脆く、壊れやすいものに変えてしまう。彼は別人になり、ぎくしゃくとして安定を欠いた存在になる。

右腕を奪われた人は「左半分＝不器用」になるしかない。ぎこちなく、のろのろとして、手際が悪い。その人は、密につながっているものとしての身体、自らの舵となって働く身体を奪われている。何もできなくなる。文字通りの役立たず。要するに「腕が折れている」のだ。世界そのものが変わってしまう。すべてが「まったく精彩のないもの」になってしまった。そこにはもう簡単なことは何もない。身体的な習慣もない。当たり前のように動いて移動することができない。腕が動かないのでバランスが悪くなって、歩行さえままならない。その体のすべてが今や使い物にならないように思える。こうした経験は、まぎれもなく喪失と奇妙さの経験である。「脚か腕、もしくは脚と腕が両方とも折れてしまったこととは別に、私が地べたに転がっていると、何か奇妙なことが起こる。何かが私から盗み取られ、絶え間なく盗み取られていく」[4]。彼が盗み取られてしまったもの。それは、暗黙の裡に自己を支え加担してくれる身体、自らの身体の習慣である。その身体はも

（2）*Ibid.*, p. 17〔訳書、五一六頁〕。
（3）*Ibid.*, p. 14〔訳書、五一四頁〕。
（4）*Ibid.*〔訳書、五一四頁〕。

う狂ってしまった羅針盤でしかない。自分自身の身体が、ぼろぼろと砕けていく大地、足元で崩れていく道のように、崩落するように思える。しかし、慣れ親しんだ器用な存在が崩壊していくなかで、舞台の前面に脇役が表れる。ミショーは、この不器用な存在に好奇心を発揮し、すぐにも興味を注ぎ込み、この左腕で、この転倒の経験が彼に教えたことについて即座に書き始める。自分自身のなかの新たな存在。あるいは少なくとも、新たな存在の仕方、彼はその自分を兄弟の私と名づける。長年にわたって彼が気づかなかった、彼がずっと陰に置いてきた存在。かくして事故は亡霊を、私自身の潜在的な姿を明るみに出す。舞台のそでにいて、未熟な第一《プルミエ》演者が転倒するのを待ち受け、とって代わろうとしている者たち。「自分の左半分の人間、自分の人生のなかで一度も主役であったことがなく、ずっと奥に隠れて生きてきた者が、今では唯一私に残されている。この静かな存在を、私はずっと避けてきたのだが、驚きとともに見るしかない。私。私の兄弟である私」[5]。

この時、事故は、自分のなかのこの隠れていた部分を認め、ミショーが言うように、これを「調べ上げる」[6]チャンスとなる。不器用な私の左半分は、私自身について何を教えるだろうか。それを弱さの形象として、以前とは違う、衰えて、敏捷性を失った存在として解釈することもできるだろう。しかし、求められるがままに注意を向けると、それは、別様にふるまう存在、違う形で世界を見て、その世界に関わる存在でもある。それは、よく知っていたもの、あまりにも当たり前に見えていたすべてのもののおそらくは真相に気づかせ、別様のまなざしを投げかける。ミショーは、この不器用な存在は「あってないようなもの」だと言っている。このあるかなきかのものとは何か。そしてそれは私たちに何を教えるのか。ここで求められるのは、「どうにかこうにか」存在する私とは誰なのかを、自分のさまざまな相において知ることである。

この事故は、ついには、自己についての一種の実験となる。「めぐりあわせが、いくつかの厄介事とともに私に送り届けたこの状態について、私は考えた。私はその水のなかに

(5) *Ibid.*, p. 18〔訳書、五一七頁〕。

(6) *Ibid.*, p. 17-8〔訳書、五一六—五一七頁〕:「私は左腕だけでなんとか切り抜けた。転倒の翌日から、どうにかこうにか、それはたどたどしくて、あってないようなものだったけれど、左手でみみずののたくったような字を書き始めた。この凍りついた、眠れる森の美女のごとき自然の様相の痕跡の一切を失ってしまわないように。ノートをとって、それを忘れないように、私の将来の探求からそれを漏らさないようにしなければならなかった」。

身を浸した。すぐに岸に上がろうとは思わなかった」[7]。自分に試練が課せられ、自分が露わになってしまったこの状況のなかで、私は好奇心にあふれて自分を観察する。事故が自分を置き換えてしまった時、私とは誰なのか[8]。

では、苦しむ存在とは何か。置き換えられ、追放され、手足を切断された存在。苦しみは私の生活の習慣を変え、元々の性質を失わせ、肉体と精神との暗黙の共謀関係を断ち切る。病気や怪我が引き起こした苦しみによって盗み取られた自己の一部分の消失に呆然としたまま、身体は崩れて見えなくなり、精神は様変わりしてしまう。精神それ自体が不在となっているように思える。だが、不器用な私の左半分はやはり、私自身について何ごとかを教えるのだとミショーは言う。置き換えられてしまうこと。それは、自己を別様に見いだすということであり、その脆弱さは単なる機能低下ではなく、私たちに別様の存在の仕方、別様の生活スタイルを示しているのである。

苦しみの経験は、私たちが疑問に思うこともなく占めてきた場所について問いを投げる。そこは本当に、自分がいたい場所なのか。そこにしか自分は生きられないのか。問われているのはまさに、自分自身に道を見失わせた怖ろしい経験のあとに、自分の位置を定めることである。ミショーが言うように、自分の体が「コースアウト」してしまったのだとしたら、この先いったいどのサーキットの内にこれを位置づければよいのだろうか。いかなる拍動がその体を担い、その拍動がいかなる世界に息を吹き込み、再生もしくは誕生させるのだろうか。習慣が私たちの存在様式を形作るのだとしたら、私は自分の体に新しい習慣を与え、それを別様に使い、自分の不器用な存在を開拓して、向かうべき先を見いだすことができる。ベルクソンの美しい表現を借りれば、「自己による自己の創造」は治療の文脈で固有の意味をもちうるだろう。私の体は苦しみの経験によって変化してしまった。私はその体の弱さと強さを同時に知っていて、その体とのあいだに打ち立てる新たな関係に意味を与えるのは私自身なのだ。そうなれば私は、ミショーと同様に、「完全に脇に追いやられたわけではないし、無駄に苦しんだわけもない[9]」という印象をもちうるだろう。

（7）*Ibid.*, p. 7〔訳書、五一〇頁〕。
（8）*Ibid.*, p. 11〔訳書、五一三頁〕：「天も地も元の場所にあった。しかし私は、自分の場所を取り戻すことができない」。
（9）*Ibid.*, p. 10〔訳書、五一二頁〕。

事故を思考の経験、考えるべきものをもたらす経験とすること。それは苦しみを、意味を引き出す経験へと転換することだ。苦しむ人はそれぞれに、身体的な苦しみというこの不条理な経験に意味と理由を与えたいと願う。私たちに力を与えるのは、自分がここで、自分自身の同一性の別の相を経験していると考えることにある。

訳注（第5章）

〔1〕「私の左半身＝不器用な存在（mon être gauche)」。フランス語では「左（の）」を表す gauche に「ぎこちない」「不器用な」という意味がある。ミショーもマランもこの両義性を踏まえて論を展開していることから、ここではこのような不器用な訳語をあてた。小海永二訳では、「左のわが身だけで起き上がった」（「折れた腕」、『アンリ・ミショー全集II』青土社、一九八六年、五一六頁）。小海は homme gauche を「左人間」と訳している。

〔2〕「不－具（in-firme)」。infirme は、「体がきかない」「不具の」を表し、名詞では「身体障害者」を指す。「固い」「しっかり安定した」「確かな」を表す firme に否定の接頭辞 in が結びついており、「堅固で確かなものを失くしている」という意味をもつ。

第6章　誕生と別れ

「母親とその娘のように離れ難くなってしまったら、どうやって別れればよいのだろう[1]」
（リディア・フレム）

子どもの誕生、この「幸福な出来事」を断絶というネガティヴな意味の概念に結びつけようという発想はすぐには浮かんでこない。誕生はしかし、その前提にあり、またそれによって生み出される深層からの変容によって、まさに最初の断絶をなす。当然、女性の身体に変容が生じる。出産する女性は、動物種が耐えることのできる最も大きな変形のひと

(1) Lydia Flem, *Comment je me suis séparée de ma fille et de mon quasi-fils*, Seuil, 2009, p. 71.

つを経験し、そこにはまた心の変化、自己に対する関係の変化がともなう。子どもが生まれると親は、離れていること、つまり文字通りの意味で自由にふるまうという可能性、その贅沢を手放す。子どもを産んだことで、親はその子に対する責任を負う。親は、少なくとも一時期、ひとりで、別々にいることを断念する。親は助け役となり、付添役となり、子どものあとについて、脇にまわることを受け入れる。子どもは優先順位と時間の秩序と自由を撹乱する。(2)

多くの場合に誕生はひとつの始まりと見なされるのであるが、それは母親にとっても、子どもにとっても、夫婦にとっても混乱のもととなる、深層からの断絶でもある。それは、そのほかの家族的で情緒的な関係を変化させ、再定義することもある。したがって、親や祖父母になること、〔弟や妹が生まれて〕ただ一人の子どもではなくなること、さらには姉妹や兄弟が母親になったり父親になったりするたびに、誕生にともなう混乱が反復され、しばしば新しい関係の様式を生みだすことを強いられる。だから、誕生のもつ撹乱的な力について真剣に考えてみなければならない。

子どもの誕生は配置を変える。それは同一性と関係性の輪郭と境界を再定義する。まず、未来の母親は、自分のなかに、自分の体のなかに、子どもを迎え入れ、養い、保護するための場所を作らなければならない。(3) 象徴的な意味で、彼女は後ろに退いて、自分自身の安楽や欲望よりも自分の子どもの幸福を優先させるのである。したがって彼女は、カントの意には染まないだろうが、目的であるだけでなく同時に手段となる。少なくとも、自分自身のそれとは別の生命の媒介者となるのだ。彼女次第で、生まれたり、生まれなかったりする。妊娠すると、女性は生命についての責任を担う。彼女は、出来るだけよい状態で子どもを担い、この世界に送り出さねばならない。自分の痛み、不快、不安、苦しみ、悲しみは二の次になる。出産はこの格下げの動きを具体化しており、それは母親の命を危険に

(2) *Cf. ibid.*, p. 65 :「親たちは、生まれてくる赤ちゃんのことを思いながら、もう決して自由にはふるまえなくなることを知っているのだろうか」。

(3) *Cf. ibid.* :「子どもは母親の身体を変形させる。母親はそれに備える。女性は自分の腹と胸の丸みを見て喜ぶ、あるいは不安になる。自分が担っている命が膨れだしているのだ。彼女は、新しい存在を誕生させるために自分自身の体のなかにそれを迎え入れなければならないことを知っている。しかし、自分の体がこれからどんな風に変わっていくのか、そのすべてを分かっているわけではない」。

さらすまでにいたる。この常軌を逸した体験のなかで、身体は驚くほど形を変え、自らの輪郭を失い、吹きこぼれるように自分の外へと溢れだす。この臨産婦の身体は、〔子どもの誕生という〕別の出来事の条件としてのみそこにあり、その出来事は、この強力な変形や根源的な他性の契機がもつ外傷的な次元を後景に退ける。(4) この象徴的な死、自己犠牲との近接のなかで女性は、よそ者となっていく子どもの身体を排出し、取り除き、引き抜くことに耐える。誕生は、何か月ものあいだ最大限の近接性、肉体的であると同時におそらく心理的でもある近接性のなかで生きてきた、二人のよそ者の出会いである。ここで、この誕生が強い暴力性をもって引き離される経験として感じられ、また思考されうることが分かる。分離と執着、別れ（séparation）と備え（paration）すなわち子どもの保護という二重の運動が、誕生とその後に続く努力の周辺で演じられる。実際に、引き離そうとする力の働きに、母と子の体と体の結びつきの力が応戦するのだ。この極限的な近接性のなかで、刻印が残され、しばしば容赦のない相互的な支配力が生じる。この原初的な紐帯が残す刻印、基層的な情動の力を、クリスチャン・ボバンは火傷に喩えている。「この女は完全に子どもに占領され、容赦なく溢れ出す愛によって傷つけられている。全身に愛の火傷を負って、彼女は光り輝く[5]」。

いずれにせよ、子どもによる母親の「占領」について語ることができる。それは、子どもの誕生とともに終わるのではなく、決して完全には消え去ることがないように思われる。しかしながら、その子どもが二度目の誕生を遂げるために、すなわち世のなかに出てゆき、自己に目覚めるためには、母親が別れに耐え、別れに備えなければならない。母親が空虚と欠如と喪失の不安に対峙すること[6]。リディア・フレムは、同じ語源が「親（parent）」と「別れ（séparation）」という語を結びつけていることに触れている。「結び、ほどく。つながりを生みだす。生命を与え、自由を与えること。私は一度も『親』と『別れ』を結びつけて考えたことがなかったが、それらは同じ語源を有している。『別れ』という言葉は『親』

（4）*Cf.* Chantal Birman, *Au monde. Ce qu'accoucher veut dire*, Seuil, coll. « Points », 2009.
（5）Christian Bobin, *La part manquante*, Gallimard, coll. « Folio », 1994, p. 17.
（6）*Cf.* Lydia Flem, *Comment je me suis séparée de ma fille et de mon quasi-fils*, *op. cit.*, p. 70-71：「かなり長い時間自分にとって大切な存在だった者から離れることが、喪失として、欠如として響く。いつかもう会えなくなることへの恐怖がある」。

という言葉を含んでいるのだ[7]」。

親になるということは、世界への子どもの入場に備えることであり、同時に、それがどれほどの痛みを生みだすとしても、別れを可能にすることである[8]。それは、二重の断絶に相対することだ。誕生のもたらす断絶と、やがて子どもが生まれ育った家族を離れていく時の、来るべき出立のもたらす断絶。

誕生に立ち返ろう。誕生を暴力的な分離、引き離しと考えることで、精神分析家アンヌ・デュフールマンテルは、人生における他のさまざまな断絶を思考することを可能にするひとつの枠組みを描き出している。つまり、すべての断絶はなんらかの形で、この最初の引き離しを再演することになるのだ。人々は子どもの誕生を、児童心理学者ドナルド・ウィニコットの表現を借りれば、「十分に良いもの」と見たがっているのであるが、誕生の状況を考えるならば、ひとつの引き離しを主体の「誕生」または「再生」へと変形する諸要素を引き出すことができるだろう。

すべての誕生あるいは再生は断絶を前提としているがゆえに、誰かに付き添われなければばならない。断絶を思考すること、それは歓待について思考することでもある。そこでは、分身と自己のあいだで（誕生の場合）、または偽物と本物のあいだで（再生の場合）、移行状態にある個人が迎え入れられ、脆弱な存在が移り変わり、その未だに脆い同一性が支えられていくような安全な場所がその人に提供されていく。だが同時に、すべての断絶が耐えうるものとなるためには、創造の行為にまで至らねばならないと主張することができる。断絶は、主体が現れ、あるいは自らを確認し、束縛も支配も受けずに自らを創造することを可能にしなければならない。誕生および再生を通して賭けられているのは、分離が同意され、分離によって自己が強められるという考え方にほかならない。

（7）*Ibid.*, « Sé/paration », p. 69. さらにその続きも見よ。「『親（parent）』は、ラテン語の parere から来ている。それは、生み出す、生み落とす、誕生させることを意味する。その語源は、贈与を表すインド・ヨーロッパ語にある」。

（8）*Cf. ibid.*, p. 84 :「気づかぬうちに、彼らは私たちの傷、私たちの夢を担っている。彼らは、自分の肺で呼吸し、自分の足で歩き、自分自身の頭で考えるために、それを手放さなければ――変容させなければ――ならない。彼らはためらい、足踏みし、私たちの秘かな願いに応えたいと思う。でも、私たちを愛するということは、私たちを離れるということでもあるのだ」。

アンヌ・デュフールマンテルは、その著書のなかで何度もくり返して、「生まれるだけは足りない」という表現を使っている。生まれることに足りないものとは何だろうか。どうやって誕生に寄り添い、それを延長させるのか。生まれたばかりの存在が育っていくことを、どうすれば可能にできるのか。そばにいる人の配慮とその力量が問われなければならないが、それとともに、声や音楽や触れる手が、誕生と再生を支え、それを可能にするのだ。誕生はそれ自体、その生物学的な出生に先立って、子どもへの欲望を語り子どもを表象する物語のなかに組み込まれている。すべての誕生は、幸福な想像、不安、言葉、メロディの繭のなかに包まれている。(9)

乳児にとって誕生がどれほどの身体的な苦しみであるのかを、人は忘れている。体外に引き出され、はじめて呼吸する時の苦しみ、冷たく、騒々しく、目が眩むほどまぶしい、この外の世界の攻撃性。(10)出産が順調に進んでいく時でさえ、誕生は、安全に包まれて共存している状態から、追放として経験される一人きりの不安な状態への暴力的な移行なのである。それまで母体の泡に包まれ、支えられ、密に一体となっていたのに、子どもは今や「覆いを剝がれ」、裸のままさらけだされ、きわめて傷つきやすい状態に追いやられている。

ごつごつとして手荒い世界からその子を守るためには、新しい繭が必要である。そこで大人たちは、世話をすることでこの子どもの脆さを認め、それを引き受けることになる。優しく触れ、肌を寄せてぬくもりを伝え、安心させる言葉をささやくことによって、思いやりのある人々の体がいつもそこにあって配慮を向けているという感覚をもたらすことによって、保護しなければならない。母体の子宮を、新たな、声と愛撫と子どもの体にかかる柔らかな圧力でできた幻想の子宮に置き換えなければならない。言葉と手触りが肉となって、その子を安心させ、同時に、少しずつ自分自身の体についての知覚を育てていくことを可能にする。(11) 数多くの文化がそれぞれのやり方で、子どもを産着でくるんで、新生

(9) *Cf.* Anne Dufourmantelle, *Éloge du risque*, Payot & Rivages, 2014, « Que cessent nos tourments… », p. 126 :「(…) 誰かがあなたを宿し、名づけ、話しかけ、望み、心配し、歌いかけ、解き放つからこそ、命にたどり着く。それが、生まれると呼ばれること」。

(10) *Ibid.*, « Solitudes », p. 142 :「私たちは、ある日、胎児の身分 (l'état fœtal) から、自分を宿していたあの子宮の記憶から、引き剝がされたことを忘れている。細胞分裂によって、二人から一人が生まれたのだ。私たちは、この追放からいつか回復するだろうか。そうでなくても、せめて話し合ってみたらどうだろう」。

(11) Anne Dufourmantelle, *Puissance de la douceur*, Payot & Rivages, 2013, « Prendre soin », p. 25 :「優しさは生の可能性

児を守る育児嚢を人為的に作り出している。それは、心理的な次元において本質的な役割を果たし、大人に対する信頼の骨格をなし、大人に依存することができるという感覚を養う。今日、早産の子どもに向けられているケアでは、この暖かく、保護的で、安心な環境の必要性が意識化されている。肌と肌を触れ合うというような一部の実践が、（南米原住民の母親たちの）伝統的な所作から着想を得ていることは驚くに値しない。それは、乳児と直接上半身を重ねて、お互いの体温を伝えあい、それによって子どもたちが生き延びる可能性を増やしていこうとするものであった。

こうしたケアがなぜそれほど難しいのだろうか。なぜ、それはしばしば失敗するのだろうか。それは、子どもの傷つきやすさが、高齢者のそれと同様に、自分自身の傷つきやすさを呼び覚ますから。他者の壊れやすさが私を困難な状態に置き、私に責任を課し、それは人生のその時点ではあまりに重く感じられうるから。その子の存在のすべてが私のふるまいの正しさに、私が向ける配慮の力に依存しているように見えるからだ。その意味で、この脆弱な生命は、私がいつもそこにいて身を捧げることを、度を越えた要求としてつきつける。そして、自分にはできないかもしれないという可能性に私を直面させる。私は間違いをおかすかもしれない。人々は素朴にそれをもっと簡単なことだと思いがちであるが、弱い存在を迎え入れるのは常にリスクであり、危険を冒すことである。他者の脆弱性が私を脆弱にし、しばしば暴力的な形で、私自身のぐらつきに向き合うことを強いる。[12] 実際のところ、他者を世話することは「他者によって、その悲しみや痛みによって傷つけられるがままになり、その痛みを他の場所に移して担う[13]」ことを前提とする。

かくして誕生とは、つまるところ、出来事であるというよりもむしろ、ひとつの過程であり、脆さを力に変えるケアに寄り添われた、ひとつの漸進的な別れなのである。その意

ともにやってくる。感情と音と思考を濾過する子宮の被膜とともに、羊水とともに、肌の内側での接触とともに、まだ何も見ていない閉じられた目とともに、外気の浸透から守られた呼吸とともに。この原初的な接触のやさしさなしには、私たちはこの世界に生まれてくることができないだろう。おそらく、それは、私たちの細胞の一つひとつの内に眠っていて、この失われた世界、母親の腕に抱かれる前に自分をあやしていた世界への不可能な回帰へと誘っている。子どもの生きる世界は、その〔胎内の〕世界を延長しているのである」。アンヌ・デュフールマンテルの早産についての論述（*ibid.*, p. 26）も見よ。

（12）*Ibid.*：「他者の脆弱性を知ることは、自分自身の脆さを認識することなしにはすまない」。

（13）*Ibid.*

味で誕生は、ウィニコットが考えていたような「セーフ・スペース」[一]、内なる安全の空間を作り出し、広げていくことである。子どもを世界に送り出す過程は、この心的な内密の空間を作り出す力とともに、母親がそれまでにその子を迎えるために作り出してきたような内的空間をその子の内に作り出す力とともに、持続的に子どもに寄り添い続けることにある。この存在の拡張のなかに、息を吹き込み、心を育てるという主題を見たくなる。そこでは、親の情愛や配慮は、子どもの内に、ひとりで存在する力、ひとりで作り出す力を創造する役割をもつ。親の愛は子どもに、母体の空間を離れ、内なる空間を構築することができるだけの信頼を与える。

したがって、ただ生まれるだけでは、母親から離れて個として存在するには十分ではない。主体の構成は、創造の行為、固有の内的空間の創造を経てなされる。同様に、苦痛な経験のあとで生まれ変わるためには、孤独を馴致し、遺棄されることへの基層的な恐怖に向き合わなければならない。

愛が新生児の内に生きようとする欲望の条件を作り出すのと同様に、自分自身の生を放棄しようとするほどの絶望と心の苦しみに浸っている大人たちの内にも、生きるという選択を再創造しなければならないことがある。その人が、「永遠にひとりなのだという剝き出しの恐怖」[14]に対峙する手助けをしなければならない。この意味で、子どもを世界に送り出すことと、愛の喪失に傷む人のケアをすることはそれほどかけ離れた仕事ではない。[15]それは、生きることによって皮を剝がれてしまった者に、新たな情愛と信頼の「皮膚」を授けることだ。自己を構築するために、あるいは再構築するために、それがどれほど必要なことなのかを人は知っている。そしておそらくは、出生時にその最初の保護を受けられなかったことで、世界の侵襲性に対して人並み以上に敏感なままでいる人がいるだろう。シャルル・ジュリエが、八〇歳以上になってまだ、自分を生んでまもなく母親が亡くなったことで作られた心的外傷について情動的に語っているのを聞けば、それがよく分かる。はじめに自分を包み込んでくれるもの、自分に注がれる情愛を欠いてしまったこと

(14) Anne Dufourmantelle, *En cas d'amour*, Payot & Rivages, 2013, p. 58.
(15) *Ibid.*, p. 59.

が、その人を剥き出しの過敏さのなかに置き続ける。(16) ウィニコット自身の幼年時代に同様の経験が見いだされるとしても驚くには値しない。彼は、子どもが安全だと感じるように身体的に支える様式であり、同時に心理的な支えでもあるものとして、抱きかかえること、「抱っこ」《ホールディング(二)》の役割を強調していた。実際、子どものころのウィニコットは抑鬱的な母親の態度にひどく苦しめられ、それは、周りを動揺させ不安にさせるような役割の逆転を彼に強いていたのである。

誕生の構造についての考察は、破壊的関係や暴力的経験によって損なわれた主体の心理的再生についての解釈の導線を導き出すことを可能にする。その考察を通じて、私たちは同時に、傷ついた存在が新たに浮上する、そのあり方を垣間見ることができる。時として断絶が再生の条件である（抑圧的な親との関係を断ち切る、息苦しい生活から解放される、輝きをなくした恋を終わらせる、心的外傷から立ち直る、損傷や病気のあとで自分の体をもう一度取り戻す）としても、再生は、トラウマ的体験の傷を言葉や身振りや配慮の皮膚で覆ってくれるような、新たな保護被膜なしにはなされえない。(17) それがあることではじめて、傷口を縫合し、火傷の熱を断ち、再生することができるだろう。

(16) *Cf.* Charles Juliet, フランス・キュルチュールでのインタビュー。『作家の時間(*Le Temps des ecrivains*)』、二〇一八年八月一〇日。https://www.radiofrance.fr/franceculture/podcasts/le-temps-des-ecrivains/peut-etre-ne-peut-on-vraiment-imaginer-que-ce-que-l-on-a-deja-vecu-soi-charles-juliet-5506450

(17) Anne Dufourmantelle, *Puissance de la douceur*, *op. cit.*, « Trauma et création », p. 119 :「トラウマに近づき、そしてそこから治癒するためには、身体が打撃を受けたところまで行かなくてはならない。その出来事によって負った火傷に新しい皮膚を縫い合わせなければならない。最低限の保護膜を作りだすこと。それなしには解放はありえない。その保護膜がないとトラウマがその人の生の内に強迫観念を生み出してしまうから。優しさはその再構築の一つの条件である」。

訳注（第6章）

〔1〕ウィニコットによれば、臨月から出産直後の時期には、母親は赤ん坊の世話にとりつかれており、赤ん坊と同一化した状態にある。この時期、赤ん坊は母親に対して「絶対的依存」の状態にある。この段階で、母親は子どもを、その存在を侵害するものから保護しなければならない。侵害に対する反応が抑制されていることが、幼児の後の身体自我形成の基盤となるのである。しかし、子どもに与えられるべき「安全」な環境とは、単に物理的な侵害から保護されているというだけでは十分ではない。というのも、この出生の時点から「分離」という課題が始まり、子どもは母親に守られ、依存しつつ、母親から独立した存在となっていくという逆説的な過程を歩み始めるからである。ウィニコットは、子どもが自立的存在を獲得していく過程において、分離の不安を和らげ、この危険な移行の過程を支えてくれる物、「移行対象」が出現することを指摘した。それは「外的対象」でも「内的対象」でもない、独自の所有物としてある。「外的空間」と「内的空間」のあいだで「遊び」を可能にする「潜在空間」。この第三の空間が守られるなかで、子どもは母親に依存しつつ、一個の存在として切り離されていくという発達上の難題を乗り越えていく（D. W. Winnicott, *The Maturational Process and the Facilitating Environment*, The Hagarth Press Ltd., 1965〔D・W・ウィニコット、牛島定信訳、『情緒発達の精神分析理論』岩崎学術出版社、一九七七年〕、*Playing and Reality*, Tavistock Publications Ltd, 1971〔D・W・ウィニコット、橋本雅雄訳、『遊ぶことと現実』、岩崎学術出版社、一九七九年〕参照）。

〔二〕ウィニコットは、幼児が親に対する「絶対的依存から相対的依存を経て自立に至る道筋」、すなわち、子どもが親との融合から離れて独立した存在へと変わっていく過程の最初期において、子どもに与えられるべき環境のあり方を「抱っこ（holding）」と呼んだ（「抱擁」と訳されることも、「ホールディング」のまま使用されることもある）。「抱っこ」は「実際に幼児の身体を抱くこと」を意味するだけではなく、子どもが「分離」による解体を経験しつつ、運動や感覚を「一人の人間」として体験し、「自分」と「自分でないもの」の境界膜があることを知り、自分のなかに「独自の内的な心的な現実」があると仮定できるようになっていくまで、その「不安」な移行状態を支えることのできるように親が子にもたらす配慮と関係のあり方を指している。それは、子どもを「物理的侵害」から守りつつ、幼児の皮膚の感受性を育み、生得的に備わっていた「潜在力」すなわち「成長と発達への傾向」を呼び覚ましていく。それによって幼児は「独自の存在」をもつことができ、「存在の連続性」と呼びうるものを形成し始めるのである（D. W. Winnicott, *The Maturational Process and the Facilitating Environment*, The Hagarth Press Ltd., 1965〔訳書、三二—五六頁〕）。

第7章　家族と別れる

「自分の愛するすべてものと一度完全に訣別すること。自分にとって大切なもののすべてと。そして、そこからもう一度立ち上がること[1]」
（アントワーヌ・ウォーテルス）

張りつめた文体で書かれたきつい手触りのテクスト『足もとの石に気をつけろ』において、小説家アントワーヌ・ウォーテルス[1]は、家族による暴力を生き延びるための諸原則、「自分の家族を生きのびるためのルール」を示している。子どもたちが殴打の雨を浴びる

（1） Antoine Wauters, *Pense aux pierres sous tes pas*, *op. cit.* p. 70.

この物語では、苦しみが後になって爆発する。父親との唯一の関係様式になってしまった日々の虐待のなかでではなく、父がいなくなってから痛みが湧き起こるのである。しばしば、離れてみて、距離を置いて他人の生活と比べてみるなかで、耐え忍んできた苦しみの現実が、噴き上がるように現れる。子どもは叔父に預けられた時に、自分が暴力を受けてきたことを自覚するのである。

　しかし、ジオの家に行ってからは、まるで自分が正しい目で物語を読み直しているみたいだった。そして、ののしり喚きたくなった。そう、本当にはじめて、人生は美しく豊かで驚きに満ちていて、優しくも厳しくもありうることを発見したのだ。いままでずっと、自分はガラスの覆いの下で時を過ごしてきたようなものであることを。[2]

生活が以前よりも穏やかになった時、暗い過去が耐えがたいものとして、急に形をなして現れる。美しさや優しさや好意や愛に触れることで、自分の生の醜さ、その暴力性が露わになる。ずっと前から、心の奥底でそうではないかと感じていたことが、一挙に臓腑にこみあげてくるように紛れもないものとなる。あの生活は生きられたものではない、生きるべきものではないのだと。

ほかの人がどう生きているのかを発見することで、自分の生活に恐怖を覚え、恥じる。その下品さ、醜さ、暴力性、そして馬鹿々々しさを恥じるのだ。その時、生活は檻として、そこにはまって破滅してしまう前に今すぐ逃れなければならない罠として現れる。どうすれば生き延びることができるのか。破壊的な愛から自分を切り離すこと、つながりを放棄すること、あの人たちの前にいた自分と自分の前にいたあの人たちを葬り去ることによって。「自分の愛するすべてものと一度完全に訣別すること。自分にとって大切なもののすべてと。そして、そこからもう一度立ち上がること(3)」。

そんな親は、どうやっても、破壊することなしに愛することはできないのだ(4)。暴力がそ

---

(2) *Ibid.*

(3) *Ibid.*, p. 91.

(4) *Cf. ibid.*, p. 111:「どうして、本当に素晴らしいことはいつも自分たちの脇をすり抜けてしまうのか。どうして、自分で望んでいるような父親になれないのか」。

こまで大人のふるまいを支配してしまう時には、ただ逃げることだけが自分を救う。パパ、父親は、自分の暴力の最初の犠牲者であって、それを自分自身にも浴びせているのだ。こうした物語の骨格は、傑出した悲劇のそれを思わせる。虐待的な親、犠牲者であると同時に加害者である者を断ち切ること以外に、そこを抜け出すことはないだろう。父を殺さなければならない。それを代償とすることではじめて、人は再び立ち上がることができるだろう。

「自分の家族を生き延びるためのルール。苦痛への対処法」とは、まさに処刑の方法である。自分の親を見知らぬ者に変え、死体に変え、すべての情愛の声を沈黙させ、抵抗する愛を衰弱させること。自分自身を完全に無関係な存在とすること。

1. 自分の父親を知らない人だと思うこと。心臓を刺されそうになっても、その人の助けだけは最後まで呼ばないと自分に言い聞かせること。

2. 自分の母親を死人だと思うこと。その死体を土で覆い、夜になったら、自分に向ってのぼってくる母のうめき声が聞こえないように、足を踏み鳴らして歩くこと。

3. 血のつながりなど何の意味もないと思うこと。(…)
4. あの人たちと楽しむ時間を避けること。あとになって、その時がよみがえって郷愁をはぐくみ、自分の心を踏みつけることになるから。(…)
6. 自分の心のなかの彼らの声を黙らせる術を覚えること。呼びかけているのはあの人たちではなく、不幸でみじめな自分自身がその声を真似ているのだから。渇きと、怖れと、郷愁によって。(5)

親の愛の欠如に対する怒りと絶望のなかで書かれたこの恐ろしい文章は、生き延びるためのマニュアルである。(6)

(5) *Ibid.*, « Règles pour survivre à sa propre famille », p. 67.
(6) *Ibid.*:「なぜあなた方は一度もそこにいなかったの。怒りに駆られて、私はその時一枚の紙をとり、これらの言葉を一息に書き記した。私の命がそれにかかっていたから。私の哀れな命がそれにかかっていたから」。

文字通り命を救うこと、逃走することが大事なのだ。他の場所で再び立ち上がるために。家族の神話をふり払い、ある種のつながりの残酷さから身を引き離すために。自分を喰いつくそうとするものから逃れるために。生き延びるためには、もはや根元から断ち切って離脱する以外にはない。有害な忠実さ、有毒のつながりから自分を解放するにせよ、あるいはもっと単純に、合意しあったり本当に理解しあったりするにはあまりにも大きな隔たりがあるという現実を認識するにせよ。またしばしば、自分たちを深く傷つける出来事をそれぞれのやり方で生きていくために、人は別れる。『デュランス川の日』において、小説家であり哲学者であるマリオン・ミュレル＝コラールもそう主張している。自分を深く動揺させた出来事にそれぞれが自分自身の答えを見つけるために、解消しなければならない関係が存在するのだと。「母性が家族の生活を支えるのだという神話が語られているが、母と娘のあいだには、すべての結びつきを断ち、各々が自分の皮膚＝命（peau）のためだけに走らねばならないことがあるのだ(7)」。

ここで皮膚＝命と言われていることには意味がある。問われているのは、命を救うことであるが、同時にまた、物の見方、それぞれの経験、同一性の差異を認めることでもある。

母子の関係の核心に潜在的に刻み込まれている暴力は、肉と肉が交わり、互いの境界が曖昧になるなかで発動する。母親の肌と子どもの肌が互いに覆い合う時、子どもは窒息状態に陥りかねない。その時には、どれほど力を振り絞っても忠誠心がそれに抗うのだが、親に対する絶対的な忠実さから自分を解放しなければならない。[8] 粗暴な愛をふり払わねばならない。アンヌ・デュフールマンテルは『母の残虐さ』において、タブーを取り払って、母親による子どもの世話《ケア》の破壊性という逆説について分析を行っている。私を愛する者が私を破壊する。じっくりと時間をかけて。その人の皮膚が私の皮膚を侵食する。私が窒息するまで。「陰鬱に飲みこんでいく。そのように、緩慢な忍耐のなかで、残虐性が発揮されるのだ」[9]。

(7) Marion Muller-Colard, *Le Jour où la Durance*, Gallimard, coll. « Sygne », 2018, p. 79.
(8) Anne Dufourmantelle, *La Sauvagerie maternelle*, Rivages, 2016, p. 147 :「人間の本性のなかには、親に対する、自分を育てた者に対する絶対の忠誠という奇妙なものが存在する。たとえ、親たちが自分に、我々が悪と呼ぶ奇妙で残酷な形の愛を与えたとしてもである」。
(9) *Ibid.*, p. 132-133.

しばしば、家族の絆は私を「人質」にして、私自身の心的生活を私から奪い取る。[10] その時には、家族から離れて自分自身へと生まれ変わること、母の娘への支配に対する命がけの応答として、回復不能な離脱を呼び起こさなければならない。[11] アンヌ・デュフールマンテルが検討した諸ケースにおいては、母の残虐さが娘たちの体に、生気を吸い取る力の痕跡《スティグマ》を残している。娘たちの痩せた体は、貪婪な母親が「人食いの宴」に没頭したことを物語っている。そうであるならば、娘は「吐き出して、死んで、生まれ変わる」ことが必要である。娘を捕食する、自己の内なる母を吐き出すこと。自分のなかから退去させること。「生まれ変わって、「自分自身の」ものとなる身体を再発見することを選び取る」[12]。それまで娘は、自分自身の身体の内に、さらには自分自身の命の内に宿っていなかったようなものだ。母を排出することは心的な再生であり、それまで存在しなかった内なる空間の構築である。そのためには、切断のリスクを引き受けなければならない。「生きているという感覚がそこから生まれてくるような真の切断」。母を介してではなく、一人称で存在しているという感覚。ごく単純に、ついに自分自身へと生まれ変わるために。しかしそのためには、母殺しの罪に直面することが前提となる。自己を、自分の身体を取り戻すには、その命を損なってでも母の手足を削ぎ、分離を果たさなければならない。「母の残虐さは、いかなる変化によってもその重さを変えられないほど、隅から隅まで肌を覆い尽くすような、未分化の状態に組み込まれている。相手を死に捧げることなしには、切断は不可能である」[13]。それはおそらく、切断するというより、引き剝がすということなのだ。

母を犠牲にすること。自分自身に存在の余地を与えるために、つながりを断ち切ること。「内なる空間」を構築あるいは再構築すること。つながりが自己を育む以上に自己を枯渇させてしまう時には、その破壊のためにどれほどの暴力が必要であっても、つながりを放棄する必要がある。言及された病理的諸事例においては、それは生存の問題、治療的に緊急を要する課題であり、自己犠牲と自己破壊の論理に終止符を打たなければならない。

(10) *Cf. ibid.*, p. 174：子どもとは「肌の交わりに魅せられた人質」。
(11) *Ibid.*, p. 133：「遂行しなければならないのは離脱だ。最も根源的な水準での、生きることそれ自体の絶望に関わる水準での離脱」。
(12) *Ibid.*, p. 134.
(13) *Ibid.*, p. 117.

「彼女たちは、自分の母親が生きていけるように懸命に支えている。（…）そして、自分自身に内なる空間を与えることを不可能にするような、恒常的な戦争状態を生きている」[14]。逆説的なことに、しばしば破局が、その疎外された生からこの患者たちが抜け出すのを助ける。サラの場合には、望んでいなかった妊娠とその後の流産が、母親との関係を断つ決心のきっかけとなる。妊娠が中断され、意図せずして自分の身体に向き合い、内なるものを呼び起こすことになったことが真の再生を可能にし、「サラ自身の誕生を象徴［化］する」[15]にいたったのである。

こうした切断は、発作的な出来事によって、その心理的な暴力が一種の生存反射を呼び起こすことによって、おのずから生まれることもある。『悲しみ』と題された自伝的な著作においてリオネル・デュロワ[二]は、この断絶の地点、回帰不能の地点をきわめて明晰に書き記している。断絶はしばしば、沈黙の内に内面で生じる。その場合でも、断絶が根源的で決定的であることに変わりはない。

この断絶の地点を、私たちの内面において何かが砕ける瞬間と見ることができる。何かが崩れ落ちる。激しい関係をそれまで維持してきたエネルギーが消失する。沈黙の内に、しかし、もはや疑いようがないという確信をともなって。もちろんそれでも、まだ大丈夫だと思わせるような、その真実をカムフラージュする物語を編み上げたいという思いにかられることだろう。しかし、心の底ではよく分かっている。この愛は、この瞬間に、その言葉、そのふるまい、そのまなざしとともに、あるいはもっとひどい場合には、それらの不在、最低限の配慮の欠如によって崩れ落ちているのだと。断絶の地点は、人が繋がりを放棄し、それを解き、あるいは切る時に訪れる。それは、その誰かを信じることをやめ、その人に何かを期待することをやめる時である。人に信頼を向ける力は、失望や嘘や暴力や裏切りが重ねられていくにしたがって枯渇していく。あるいはそれは、私たちの疑いのまなざしの前に、白亜の崖のごとく一撃で崩れてしまう。それは喪失の時、まだ生きている誰かを「亡くして」しまう奇妙な時である。『悲しみ』の若き語り手ウィリアムは、そ

（14）*Ibid.*, « Vomir, mourir, naître », p. 132.
（15）*Ibid.*, p. 126.

れを体験する。

僕と母との別れが訪れたのは、翌日の朝、キッチンにいる母を見つけた時だった。母は背中を向けて、何か食べるものを支度している。でも、僕はあえて言葉をかけず、彼女がふり向いて（…）僕に何かを言うのを、あるいはただ僕を見るのを待つ。その時、僕たちをつないでいる糸を結び直すことができるだろう。でも、母はふり返らない。すべてを完全に無視している。でも、母は苦痛にさいなまれてなどいないこと、普通に手足を動かしていることが僕にはよく分かる。そして、実際のところこれは茶番劇なのだという考えが、僕のなかに作られ始める。言葉の本来の意味で僕の心を砕いたあの場面（僕にとっても、弟たちにとってもそうだったと思う）は、母にとっては、トトの方が結局スシェ通りに家を見つけることになるように仕向ける、ひとつの計略に過ぎなかったのだ。(16)

母親が狂気を装って家に火事を起こした時、母親によって子どもたちにもたらされたこの新たな危機は、ウィリアムにとってはもう受け止めようのない場面なのである。この時、内なる死がもたらされている。その内面を焼き尽くすかのように、彼を心理的に破壊してしまった母は、彼にとっては、突然存在することをやめてしまうのだ。彼女がなおも彼に押しつけてきそうな苦痛から身を守るために、自分を精神的に蝕むこの関係から自己を切り離してしまう。自分を苦しめるエゴイズムの感染と心理的暴力から逃れるために、自分のなかの他者を「殺す」のである。自分を焼き尽くす内なる火事を消し止めなければならない。

この場面で、断絶を生みだすのは言葉ではなく、言葉の不在である。沈黙が行為となり、息子を否認し、母の暴力を承認してしまう。語られなかったこと、なされなかったことの残酷さ。現れなかった言葉とふるまい、その耐えがたい空白が関係を停止させる。発せられなかった言葉は時に、侮辱の言葉以上に人の心を損なう。

(16) Lionel Duroy, *Le Chagrin*, J'ai lu, 2011, p. 185-186.

母は言葉を発せず、一瞥を向けることもせず、ほんのわずかな気配りも見せない。この欠落が、結びつきの終わり、一切の愛の可能性の枯渇を示している。神経的発作の激発後の、この瞬間における、この欠如の暴力性が根源的な分離をもたらす。もはやこの若者のなかに母に対する情愛は存在しない。この場面の衝撃が断絶の地点となり、彼の胸の内で秘かにその情愛が瞬時に燃え尽きてしまったかのように。彼の母親は今や、死者のように、その息子に対してそうあるすべを知らなかった母の亡霊のようになり、彼女を母親たらしめていた期待や親子の愛がすっかり抜け落ちた、曖昧な姿でしか存在していないのである。

語り手は続ける。

僕たちの母親が、何年もあとになって死んでしまう時、僕は悲しみを感じない（あるいは、ほとんど感じない）自分に驚き、自分で自分にこう説明するだろう。あの人はもうとっくに自分のなかでは死んでいたのだ。あの人がいなくなったのは、僕が十歳の時の、あの神経発作の時点にたぶん遡るのだ。その時僕は、もう二度と母には会えないかのように、その消失に涙を流したのだと。(17)

より正確に言えば、母親はまさに亡霊とは反対のものになったのである。肉体としては存在しながら、彼の目にはもう無縁のものとなり、彼の内に何の感情も呼び起こさなくなった存在。突然、見知らぬものとなった人。この時、彼がこの自己中心的な母に対する愛の法外な代償を払えなくなったがために、彼女は感情的備給の対象であることをやめてしまったのである。ただしそれは、解放というよりも、突然の跳躍、心の生存反射である。彼女は彼が愛した母親であることをやめるのである。

ただし、こうした断絶、こうした暴力的な愛の終焉が、まったく虐待のないところで現れることもまたありうる。カトリーヌ・マラブーが『偶発事の存在論』の意表を突くような一節のなかで主張しているように、人が伴侶や恋人を愛することをやめてしまうのと同様に、家族愛が消失してしまうことがあるのだ。相手が自分にとって愛の対象であること

(17) *Ibid.*, p. 186.

をやめ、その対象としては死んでしまうということが。

ある日ついに、もう自分の親も家族も愛せなくなるということが、起こりうる。「今はもうあの人たちを愛していない。以前には愛していたのかどうかも、今は分からない。私はあの人たちを捨ててしまったのだ」。こうした愛の喪失もまた、時の経過と「ともに」生じるのではない。近親の者たちを少しずつ好きでなくなっていくわけではない。そもそも、誰であれ、「少しずつ」好きでなくなっていくことなどできるものだろうか。私は、愛の終焉は常に突然であると言ってしまいたいほどだ(18)。

こうした言葉は深い不安を引き起こすと言わねばならない。しかし、愛においては、それがどのような性格のものであれ、感情の突然の消失を考えうるのだということもまた見なければならない。取り返しのつかないものがあるのだということ。回帰不能な断絶の瞬間が。

（18） Catherine Malabou, *Ontologie de l'accident*, *op. cit.*, p. 58〔訳書、一一〇頁〕。

訳注（第7章）

〔一〕アントワーヌ・ウォーテルス（Antoine Wauters, 1981-）はベルギー生まれの作家。『足もとの石に気をつけろ（*Pense aux pierres sous tes pas*）』（二〇一八年）は、ある国の貧しい農場に生まれた双子の兄妹、マルシオとレオノラの物語を語る。彼らは、農場の厳しい労働に従事させられ、父親からは棒で打たれるような折檻を受け、母親からも激しい叱責を受けて育つ。そのなかで、兄妹は互いに愛し合うようになり、体の触れ合いを覚えていく。しかし、それが親に知れるところとなり、レオノラは叔父ジオの家に引き取られる。マルシオの不在に苦しみながらも、レオノラははじめて穏やかな生活があることを知り、自分の幼き日の生活を憎んでよいことを知る。そして、自分自身のために、「自分の家族を生き延びるためのルール」（一七か条）を書く。やがて、親が農場を去った後、マルシオは歩いてジオの農場までやってくる。兄妹は関係を回復し、厳しい世界を生き延びようとする。「足元の石に気をつけろ」は、農場時代に二人が親の暴力から逃げて走り出したとき、マルシオがレオノアにかけた言葉。そのあとは「転ぶな。転んだらダメになるぞ」と続く（*Pense aux pierres sous tes pas*, Folio, 2021, p. 28）。石だらけの危険な道を駆け抜けて生きていこうとする、二人の意志が込められた言葉である。

〔二〕リオネル・デュロワ（Lionel Duroy, 1949-）は、チュニジアに生まれたフランス人のジャーナリスト、作家。一九九〇年以降、自伝的性格の強い小説を多数発表。『悲しみ（*Chagrin*）』では、占領期以降の半世紀の歴史のなかで、衰退していく一家族の姿を描いている。

第8章　消失

「どれだけ多くの人が、死んでいなくなってしまう前に、私たちの前からいなくなり、自らを置き去りにしていくことだろう[1]」

（カトリーヌ・マラブー）

「あの人はいなくなってしまった。容赦なく、遠ざかっていく。それは分かっている。それでもはじめは、その欠如を補い、自分自身の力を汲み上げることで、壊れていくつながりを結び直そうとする。（…）あの人の姿が見えなくなっていくことが、耐えがたくな

（1） *Ibid.*, p. 50〔訳書、九三―九四頁〕。

る。そしてついには、ただひとつの答えしか残されなくなる。取り戻すことができなくなってしまった関係を自ら断ち切ること[2]」。これは、愛の終わりの絶望的な物語、愛する人との別れの宣告だろうか。そうでもあり、またそうではない。この引用において、哲学者ミシェル・マレルブ[1]は、「存在の瓦解[3]」と、彼の妻アニーとの関係の終わりについて語っている。アルツハイマー病が彼女を彼女自身から遠ざけてしまい、関係を断つことが唯一の道であると思われるほどになってしまう。

病いが、まだその人がそこにいるにもかかわらずその人を私たちから奪い去ってしまう時、大切な人を失う非常に特異な形が生まれる。その人は生きているのに、その人であると思えない。その人の役割を果たすことができず、意図せざるままに、またしばしば気づきもせぬままに、私たちと結んでいた情愛の関係を離れてしまう。その時、相手が姿を消し、この関係から立ち退いていくなかで消えていくつながりを生き返らせる役目は私たちの方にある。病いが身体的および精神的な力を損ない、麻痺させ、表情を凝固させ、記憶に穴を穿ち、言葉のやりとりができなくなる時、つながりはか細いものになり、断ち切られてしまう。病気によって感情の表出ができなくなり、会話が奪われ、不平の言葉さえ封じられ、ただ涙を流し、押し殺されたような嗚咽の声を漏らすだけになってしまった時。どのようにして、目前にいる人の喪失を耐えればよいのか。病いが進み、その人の力が縮小し、その人格がその人を離れていくにつれてその人が遠ざかっていくのを、どうやって見ていればよいのだろう。これほどまでに弱ってしまった自分の姿を知ることの苦しみに、ただなすすべもなく立ち会うだけ。その苦しみが、私たちの苦しみをさらに募らせる。しかし、人はまた同時に、ある種の精神疾患や神経疾患において、さらにはある種の嗜癖症状において、失われた関係に対してその人が示す無関心にも苦しむのだ。カトリーヌ・マラブーが見事に述べているように、病者はすでにあるところまで自分自身のもとを去っているがゆえに、私たちのもとを去ってしまうのだ。意識せぬままに、かつての自分自身の人格を放棄し、病いによって変形され、決定的に別の誰かになってしまう。その時、近くにいる者には、綻びていくつながりをそのつど編み直し、病者が自分の状態に対する完全

(2) Michel Malherbe, *Alzheimer*, *op. cit.*, p. 37-38.
(3) *Ibid.*, p. 37.

な無自覚に沈んでいるなかで、しばしばたった一人で関係を担い、必死にそれを支えるという、ひどく疲れる仕事だけが残される。相互作用の乏しさによって、相互了解と親密性を表すしぐさの消失によって、知的、身体的な近接性の喪失によって、関係は常に否定されていく。夫や妻、親や子どもは、愛する人の存在の保証人となるのだが、その人が病いの侵襲によって変質し、縮小し、あるいは変形していくにつれて消滅していくのを見ている。

その人が死んでしまう前に、その人を失ってしまうということをもたらしているものは何か。その人を失ってしまうのは、関係が断ち切られ、もはやそこにその人の姿を認めることができなくなるからだ。その人の生活の仕方、考え方、私たちへの関わり方のなかに変化が生じ、私たちにはそれが、愛する人とは根本から異なるものであるように見えるのだ。アルツハイマー病をめぐる小説『消えるためにここにいるんじゃない』のなかで、オリヴィア・ローゼンタール〔三〕は、この消失を簡潔に言い表している。「あなたが遠ざかる。あなたはもう前のようではない。あなたは別人になっていく。あなたはA病にかかっている(4)」。

ミシェル・マレルブの表現によれば、定期的に患者を見舞う近しい人が確認するのは、「存在の流出」にほかならない。少しずつ見知らぬものになっていく近親者との出会いについて語ることができるとしても、新たな面会のたびに愛が薄まって失われていくこと、関係が目に見えて崩れ、切れぎれの言葉の屑と化していくことを事実として確認することしかできない。オリヴィア・ローゼンタールの小説の語り手が言うように、じわじわと迫る死よりも前に、病む人が消えてなくなることを人は願うようになる。

あなたを見放すことを私にさせないで
お願い
消えて
いま
すぐに
即座に(5)

(4) Olivia Rosenthal, *On n'est pas là pour disparaître*, *op. cit.*, p. 70.
(5) *Ibid.*, p. 77.

ミシェル・マレルブは、日々くり返される、この大切な人の喪失の極端な暴力性について記す――「人が生身のまま亡くなっていく[6]」のだと。そしてきわめて正確に、分析の中心に再認の概念を置いている。彼は「再認の流出」を語る。私たちはその人をその人として再認することができず、その人もまたもはや私たちを再認することができない。そこに愛する人の姿を見続けるためには、その人の記憶を頑張って結びつけるしかなくなる。時々、ふっと浮かぶちょっとした居ずまいが、消失しつつあるその人の人格を思い起こさせる。弱っていく同一性が、まだ少しところどころで点滅する。再認がその人の存在を示すほんのわずかなしるしを特定しようとする意識的な努力のなかにしかなくなってしまった時、そこにまだ、本来の意味での主体性が存在しているであろうか。この病める女は、どの点においてまだ私の妻なのだろうか、とミシェル・マレルブは自問する。彼らはまだ、ひとつのストーリーを共有しているのだろうか。まだ、ともにしてきたひとつの関係のなかに組み込まれているのだろうか。そうではない、とマレルブは答える。「主人公のいなくなる物語をどうやって語り続けることができるだろう[7]」。

こうした、まだ生きている人の喪失を語るために、マレルブは化石化のイメージを用いる。アルツハイマー病は「人を物質の世界に埋め込む。堆積層のなかで石化していく化石のように[8]」。患者はずっとそこにいるのだが「存在し続けてはいない[9]」。意識が意志を備えたものではなくなってしまう。それは「存続しているのだが、もはや動かず、ぼんやりとした持続としてしか立ち現れない[10]」。ここでもまた顔が、この内的な砕片化を、統一された生き生きとした自己であることの不可能性を物語る。「言葉は容赦なく崩れ、沈黙と化していく。まなざしは、にこやかにじっとこちらを見ているとしても、固まってしまっている。その外見のすべてが硬直している。それでも、彼女は彼女らしく愛らしい雰囲気をとどめていた。だが、それはもはや化石化したイメージでしかない[11]」。蠟人形の、感情を

(6) Michel Malherbe, Alzheimer, *op. cit.*, p. 10.
(7) *Ibid.*, p. 10.
(8) *Ibid.*, p. 11.
(9) *Ibid.*, p. 225.
(10) *Ibid.*, p. 226.
(11) *Ibid.*

表さない微笑を思わせる。スピノザが『エチカ』において行った、生きていながら死んでいる身体についての驚くべき分析を思い起こすことができる。記憶を喪失したスペインの詩人〔三〕の物語を語りながら、スピノザは、生物学的にはまだ生きているのだが、死んでしまったものと見なしうるような身体があるのだという考えを示している。

実際のところ、血が巡り続けており、生きているというしるしをほかにも多く見いだしうる身体が、それにもかかわらず、その本質をまったく別のものに変えてしまうことがありうるのだということを、私はあえて否定しない。身体は死体となってしまってはじめて死ぬのだと認めることを私に強いる理由は存在しない。経験はむしろ逆のことを主張しているように思える。実際のところしばしば、人間は同じ人物であるとは言いがたくなるような変化を被るのだ。(12)

その身体は、その人の固有性を表現することをやめてしまったという点において、死んでいる。ミシェル・マレルブは、病んでしまった自分の妻を見て、同じことを確認している。アニーの身体にはその人格のしるしがもはや存在しない。あんなにもはっきりとした、彼女らしさを表していた気品が彼女を手放してしまった。その体はもはや症状の束でしかない。それはもはや、一主体としての彼の妻を表現するものではなく、ただ、彼女を襲い、変質させてしまった病いを表すだけなのである。

明白なしるしは、人格よりも病いを表し、固有のアイデンティティよりも、臨床的な類型をさしだしている。私はもう、アニーと向き合っていても、私が出会った時からずっとつかんでいたもの、彼女の人格としての気品、彼女をかけがえのないものにしていたあの人間としての素晴らしさをつかむことができないようだった。[13]

(12) Spinoza, *Éthique*, Flammarion, coll. « GF », 1993, 第4部、注解 XXXIX, p. 258. Catherine Malabou, *Ontologie de l'accident* (*op. cit.*, p. 36)〔マラブー訳書、五九―六〇頁〕に引用。

(13) Michel Malherbe, *Alzheimer*, *op. cit.*, p. 225.

そこに、まだその人がいるのだろうか。それはまだ一個の人格なのだろうか。まだ、彼の妻なのだろうか。病者は過剰なまでに、時には耐えがたいまでにそこにあり、私はその存在を無視することができないのだが、同時に不在でもある。関係に対する、そして自己に対する不在。

それは彼女であって、彼女ではない。テクストであるなら意味があるに違いないのだが、それがあまりに曖昧なので、これは本当にテクストなのかと疑ってしまうような、そんなテクストに彼女は似ている。彼女はそこにいる。たしかにそうなのだが、その存在に意味を与えることができない。そこにありながら、不在である。不在の存在。それはおそらく、存在する不在にほかならない。どう決着をつければよいのだろう(14)。

その人はここにいる。しかしすでに、別の場所にあって近づくことができない。その人はまだその人自身なのだろうか。愛する人がこうして剝離していくという情動的な拷問に、どう耐えればよいのだろう。

精神的な断絶、分離について考えてみなかればならない。『消えるためにここにいるんじゃない』においてオリヴィア・ローゼンタールが示しているのは、それである。そこで彼女は、記憶が失われ、現実や他の人々とのつながりを消失させていく人に対する人々の反応について考察している。彼女がアルツハイマー病を名づけて言うところの「A病」に直面して、人は切断を施さねばならなくなる。病気になる以前に存在していた人と、この病いによって生まれた人とを切り離すこと。「忘れる努力をしなければならない。切り離す努力を。今あるものと、かつてあったものを切り離す。自分が愛した人と、時々見舞いに来ても、愛を引き出すことのできなくなってしまった人とを切り離す。愛を保ちながら、切断する。不可能なことだ。愛し続ける。そして切り離す[15]」。

そこでは、同一人物でもある複数の人を切り離し、区別しなければならない。愛する人との幸福な思い出を保ち、その人を愛し続け、同時にその人を、今自分の前にあってその

(14) *Ibid.*, p. 15.
(15) Olivia Rosenthal, *On n'est pas là pour disparaître*, p. 152.

愛を否定し、嘲弄することの人から切り離すこと。自分のまなざしに対するその人の冒瀆を恨むこともなく。

断ち切らねばならない。関係を壊しているのは疾患であり、それは時に、たしかなイメージとしてある幸福な思い出に感染し、過去の関係の本質にさえふり返って疑いを投げかけてしまうのだから。病む人は、かつての自分自身についての記憶を失うだけでなく、自分はもう誰になりえなくなってしまったのかを忘れる。きわめて繊細な文体で、意識の薄皮を一枚ずつ剝いでいくように層をめくりながら、語り手は精神の病いのもうひとつの位相、情動的なつながりを破壊するその力を明らかにしていく。ある時点で語り手は言う。「父が自分を母と間違えることがあるなんて、思ってもみなかった。(…)父が自分に欲望を向けるなんてことがあるなんて、思ってもみなかった[16]」。

近しい人にこれほど強く動揺を誘うようなところまで常に進むわけではないとしても、病いがどのようにして人からその同一性を剝ぎ取り、「断ち切られ、断片化された[17]」ものに変え、かつて愛した人との関係、その人の傍に居続ける可能性さえも破壊するにいたるのかを理解することができる。おそらく、ここにはさらに、断絶の地点となるもの、あるいは関係がもはや成り立たなくなる転換点が見いだされる。その時点では、その人がその人自身に対して不在になり、おそらく曖昧な身体的類似のほかにはもう何も再認の感覚を維持してくれない。それは、大理石像が生身の肉体とあいだにもちうるような類似に似ている。相手が消えていく時、私はその人にたどりつこうとして疲労困憊するのだ、とバルトは言う。そして、私は狂気の感覚に襲われるのだと。「あの人がフェイディングしていく時、それは私を不安にさせる。そこには原因も終着点もないように思えるからだ。悲しい蜃気楼のように、あの人は遠のき、どこまでも立ち退き、私はその人にたどりつこうとして疲労困憊する。(…) こうして、愛する人はどんどん消えてゆき、薄れてゆく。狂気の感覚。それが暴力的なものである時よりも、もっと純粋な狂気の感覚[18]」。

(16) *Ibid.*, p. 35, 58.
(17) *Cf.* Michel Malherbe, *Alzheimer*, *op. cit.*, p. 225 :「断ち切られ、断片化し、断続的な時間のかけらとなり、長い不在の時間帯によって切り離されて、彼女の人格的同一性は解きがたい謎になってしまった」。
(18) Roland Barthes, *Fragments d'un discours amoureux*, *op. cit.*, p. 145〔ロラン・バルト、三好郁郎訳、『恋愛のディスクール・断章』みすず書房、一九八〇年、二〇二〇年新装版、一六八—一六九頁〕。

私たちがここで再び、バルトの「フェイディング」という言葉に出会うのは意外なことではない。彼自身この語を、『失われた時を求めて』の語り手の祖母がいなくなる時を記述するのに用いている。「引き裂くように、フェイディングしていく。死の寸前、語り手の祖母は、時々、目も見えなくなり、耳も聞こえなくなっている。祖母はもう、孫を識別できない。『驚いたような、警戒するような、憤慨したような様子で』彼を見ている[19]」。

ここで、「フェイディング」というとらえ方が、愛の流出、関係の褪色、次第に進むその無味乾燥さを語るうえでふさわしいことが分かる。それは、感情的に遠のいていく様、関係の劣化、老いのなかで、病いのなかで、障害や嗜癖のなかで、そこからいなくなり、同時に自分自身に対して不在になる人の緩やかな消失を思考することを可能にする。愛する人は、かつて自分の前にいたその人の影でしかない。「霧のなかを遠ざかっていくかのようだ。死んでしまうのではなく、影たちの領域で生きたままおぼろになってゆく。(…)私は呼びかける(…)けれど、やってくるのは影でしかない[20]」。

だとすれば、アルツハイマー病が、病者の近しい者たちにもたらすトラウマ的経験のなかで過剰なまでにつきつけるものは、老いの過程でもっと目立たない形で進行していくこと、それほど離れていないのかもしれない。カトリーヌ・マラブーにしたがえば、老いていく人を自分自身や他の人々から遠ざけるような、同様の内なる亀裂が存在するのである。「老いはやはり基本的に断絶である。老いは人をいつのまにか壊してしまい、その道筋を変更させ、誰かと入れ替わるように、別人となるように導く」[21]。

自分の老いた親がすっかり別の人のようになり、その変化は家族的愛情の終焉の理由となるだろう。そうなれば、その人が死んでいなくなる前に、近親者との別れが訪れる。「私は、愛の終焉は常に突然であると言ってしまいたいほどだ。いずれにせよ、親に関しては間違いない。それは常に一瞬の内に訪れる。死の瞬間のように。死に別れるより前に、親たちからは離れている。そうであれば、現実の死は魂における死を確かなものにするだけである。それもまた同様につらいことである。死よりも前に別れを告げること、まだ何

(19) *Ibid.*, p. 145〔訳書、一六九頁〕。
(20) *Ibid.*, p. 146〔訳書、一七〇頁〕。
(21) Catherine Malabou, *Ontologie de l'accident*, *op. cit.*, p. 52〔訳書、九八頁〕。

も決定的に終わっていないのに、決定的な別れを告げることは、空虚で冷たいものを生み出す。そしてそれは、恐ろしいことである」[22]。この過激な読解のなかには、もっと前に議論の時間を取らなければならなかったのかもしれないが、本質的なことが語られている。他者の死は「心のなかでの死」であると。他者はまず自分の頭のなかで死んでいく。その人がその人自身からあまりにも別のものになってしまったために、私たちはその人と自分との関係を、かつて自分が知っていたような関係を断念することになるだろう。関係は様態を変えてしまう。あるいは完全に停止してしまう。

こうした喪失の経験は深いしるしを残す。心理的暴力の試練は、私たちの内に消し難く刻み込まれ、しばしば新たな生活のなかでよみがえる。

(22) *Ibid.*, p. 58〔訳書、一一〇―一一一頁〕。

訳注（第8章）

〔一〕ミシェル・マレルブ（Michel Malherbe, 1941-）は哲学者、ナント大学名誉教授。イギリス経験主義哲学の研究と翻訳で知られる。妻アニーがアルツハイマー病となり、施設での生活に移行した後、訪問をくり返して妻や他の患者たちの様子を記述すると同時に、この病いについての哲学的省察を展開する。『アルツハイマー病　生、死、再認』（*Alzheimer la vie, la mort, la reconnaissance*, J. Vrin, 2015）の「序言」においてマレルブは、この疾患の特徴は、その人の存在の全域に及んで変質をもたらすことであると論じている。他の病いであれば、身体的変質が生じても、「何者かがとどまり、そこに一個の自我を帰属させることができ、これをその人の名で呼び、その名を保ち、その人の物語を語り続けることができる」。しかし、アルツハイマー病は「その個人の隅々にまで広がり」、「凝縮されて、患者の実体そのものになる」。「その人は今やアルツハイマー病そのものとなるのだ」（p. 10）。

〔二〕オリヴィア・ローゼンタール（Olivia Rosenthal）はフランスの小説家、劇作家。一九六五年パリで生まれる。一九九九年から小説を発表。『クリスマスのあとトナカイは何をする？（*Que font les rennes après Noël ?*）』（二〇一〇年）、『極限環境での生き残りメカニズム（*Mécanismes de survie en milieu hostile*）』（二〇一四年）など多数の作品がある。二〇〇四年からは劇作品を手掛ける。またパリ第八大学で「クリエイティヴ・ライティング」のプログラムを担当している。二〇一八年には、日仏学院のヴィラ九条山のレジダントとして日本に滞在。オウム真理教による地下鉄サリン事件についての論考など、日本での経験にもとづく著作もある。『消えるためにここにいるんじゃない（*On n'est pas là pour disparaître*）』（二〇〇七年）では、アルツハイマー病に冒された男性・T氏の姿を軸に、複数の視点、複数の声を往還しながら、この病いを生きるとはどのようなことなのかが問われていく。その書き出し。「二〇〇六年七月六日、T氏は自分の妻をナイフで五回刺した。そして彼は、夫婦の暮らしていた家を離れ、隣家の庭に身を隠した。そこで警察に発見された。取り調べのなかで、どうしてそのようなことをしたのかと問われたT氏は答えることができなかった。彼は、自分が何を咎められているのかを理解できない様子だったし、自分の妻を殺そうとしたことを覚えていなかった」(Editions Folio, 2007, p. 9)。同作品で、二〇〇七年フランス郵政公社財団・ウェプレール賞を受賞。

〔3〕ここで言及されている「スペインの詩人」とは、ルイス・デ・ゴンゴラ・イ・アルゴテ(Luis de Góngora y Argote)である。一五六一年、コルドバに生まれる。聖職者として職につきながら詩作を重ね、後にゴンゴリスモと呼ばれ、多くの模倣者を生む独自の作風を築き上げる。長編詩『ポリフェモとガラテアの物語』(一六一二年)、『孤独』(一六一三―一四年)、戯曲『イサベラの貞操』(一六一〇年)などの作品を残す。一六二六年、脳発作で倒れ、記憶障害が残る。一六二七年、コルドバにて死去(吉田彩子『ルイス・デ・ゴンゴラ「孤独」――評釈』、筑摩書房、一九九九年参照)。スピノザは『エチカ』第4部の「定理39」の「備考」において、この詩人が病いから回復したあとに過去の人生をまったく忘却してしまい、「自分の作った物語や悲劇を自分のものと信じ」られなくなってしまったことに触れ、人間の身体が「生きているという特徴を保持しながら、にもかかわらずその本性とはまったく別の本性へと変化させられうる」ことの例証としている〔訳書、二三一頁〕。カトリーヌ・マラブーは『偶発事の存在論』において、この一節を取り上げ、「存在の本性の破壊的可塑性」への言及として位置づける。「その変貌によって新しい存在が、こう言ってよければ、生きている死者が誕生する。身体は死することなく死を迎えることがある。事故によって、損傷によって、ダメージによって、あるいは破局的経験によって、身体が死体へと変形するのではなく、身体が同じ身体のなかで別の身体に変形するような、破壊的変容が生じうるのだろう」〔訳書、六二頁〕。

第9章　断絶の性

「嵐が過ぎれば、また生きることへの情熱が湧いてくる。太陽と星々を堪能したいと思うだろう」[1]
（パトリック・オトレオ）

実存的な断絶は私たちの内にどこまでその痕跡を残すのだろうか。自分で想像していたよりもずっと深く、欲望の核心にいたるまで、他者に対する感情のほとばしりの内に、肉体的で性的な関係の内にいたるまで。生活史の断絶――死別、重篤な病い、心を打ち砕く愛の終焉――のあと、人は我慢強く「普通の」生活が戻ってくるのを待つ。近くにいる

（1）Patrique Autéraux, *Dans la vallée des larmes*, Gallimard, 2009, p. 37.

人々も「立ち直り」のサインを待ち受けている。しかし、以前の生活には戻らない。哲学者であり医師であるジョルジュ・カンギレムが正常と病理についての分析のなかで教えてくれたように、病いのあとの旧状回復（*restutio ad integrum*）、以前の状態への回帰は存在しない。(2)〔二〕病いについてのこの真実は、おそらく他の種類の断絶にも当てはまる。後遺症、痕跡、烙印があり、刻印、剝奪と喪失のしるしが残り続ける。何かが壊れてしまい、以前と同じ試み、情熱、信頼を妨げる。断絶は生体の断絶でもあり、自分のなかに器質的に刻み込まれる。それは心理的および身体的な躍動の力に深く影響を与え、自分の欲望を損ない、鈍らせる。試練のあとに、主体はエネルギーを取り戻していって、生きることへの欲望に衝き動かされるのだと私たちは考えがちである。危うく死にかけたあとには、新たな力強い生のエネルギーにとらえられるであろう、と。小説『涙の谷のなかで』において、パトリック・オトレオはこうした社会的期待について証言している。病気だった人もすぐにまたこの人生への同意を示すべきだ。あたかも、病気が一時的な休止であったかのように。

ほかの人たちは、特に一度も病人になったことがなく、想像してみることしかできない時には、こういうことを言うものだ。嵐が過ぎれば、また生きることへの情熱が湧いてくる。太陽と星々を堪能したいと思うだろう。みんな無邪気に僕に言うんだ。すごいすごい。生き生きとして見える。すっかり治ったんだね。[3]

人々は、春の薔薇みたいに人が再び開花することを期待する。病む人自身も、ある時期にはそう信じているかもしれない。無邪気に、ナイーヴにも、元通りの体と生活を取り戻すことができることを望んでいる。「[抗癌治療が] 終われば、また一から始められると思う。これは通過儀礼であって、新しい生活のなかで、すべてのチャンスが再び与えられるのだと自分に言い聞かせる[4]」。

(2) *Cf.* Georges Canguilhem, *Le Normal et le Pathologique*, PUF, 2013〔ジョルジュ・カンギレム、滝沢武久訳、『正常と病理』、法政大学出版局、一九八七年〕。同書第四章、p. 128〔訳書、一七三頁〕も参照せよ。「不足がありながらも治癒する。そこには常に、有機体にとっての本質的な喪失が伴い、同時に秩序の再生が生じる。これに新たな個人の規範が応えるのだ」。

(3) Patrick Autréaux, *Dans la vallée des larmes*, *op. cit.*

(4) *Ibid.*, p. 35.

しかし、新しくゲームをやり直すのとはわけが違う。人は同一のままではいられず、カンギレムが正確に述べているように、治癒あるいは寛解とは生命の別様のなりゆきに入っていくことなのだ。病いは、死別や他の心的外傷体験と同様に、私たちの内に深い不安を刻み込み、生命に対する穏やかで信頼に満ちた関係を保つことを不可能にし、特異な緊張と高揚をもたらす。また一から始めるのではない。つらい経験を課せられて、ある種の重みを抱え込まざるをえない。普通の生活に戻ることが当たり前なわけではない。「昨日のことのすべてが自分のなかにある時に、どうやって新しいことを始めればよいのだろう」[5]と、レオナルド・コーエンは『美しき敗者たち』のなかで自問している。小説『新しい愛』のなかで、フィリップ・フォレスト〔三〕は、自分の娘を亡くし、伴侶と別れたあとに、普段の生活の流れを取り戻すこと、恋に落ちるのを自分に許すこと、また別の女性に思いを向けること、その女性の子どもに愛情を抱くことの難しさを見事に描いている。彼はまた、自分を同意と信頼のゲームへと押し出す社会的圧力、人々を安心させるような図式のなかに再び自分を差し戻すことをうながす圧力についても語っている。ページをめくり、新しい子どもをもち、破綻なき人生の次の節を軽やかに歌いだすこと。まるで、破局的体験から損傷なしに抜け出したかのように。

しかし、破局は存在の核心部分に、原初的欲動の内に、性的欲望の根源的な力の内に痕跡を残している。試練の暴力が私たちの欲望を変形し、性のありようを変化させる。それは強度を増し、より強く「波打つ[6]」ようになる。性的欲望は増幅し、充たされざるものになり、常軌を逸したところに人を連れていく。「僕はいろんな体と未知の体験に飢えていた。欲望はもう規格も定型ももたなくなっていた。（…）自分の欲望の拡散ぶりと、四六時中休まることのない思いがけぬ反応に魅入られて、僕は自分をとんでもない売女みたいに感じていた[7]」。

この、破局的体験後の性の問題は、通常は主題化されることがない。重い病いを患った

（5）Leonard Cohen, *Beautiful Losers* [1961], Blue Door, 2009 : « How can I begin anything new with all of yesterday in me? »

（6）Patrick Autéraux, *Dans la vallée des larmes*, *op. cit.*, p. 36.

（7）*Ibid.*, p. 38-39.

人、子どもを亡くした父親について、この話題はタブーであって、語られることがない。しかし、手がつけらないほどの欲望は、深く内的な変容の強い症状のひとつである。フィリップ・フォレストが正確に分析しているように、そこにあるのは、生きることへの欲望の回帰や生への渇望ではなく、反対に、自分の細胞のなかに刻み込まれてしまった空虚の表現である。

悲嘆をどうにか乗り切った者たちに訪れる、愛欲の奇妙な沸騰については、まったく誰も語ってくれたことがなかった。彼らがしばしば身を委ねてしまうこの沸騰は、再び取り戻された生への好み、生との関係を結び直し、すべてが終わってしまう大いなる深みを見てしまったその悲痛さを背後に置き去りにしようとする欲望とは何の関係もない。そうではなく、奇妙なことに、愛を求める身体の再び見いだされた欲望が互いに差し向けられ、それ以外のことをすべてうまく脇においてくれるはずの、まさにその場所に、空虚の概念が忍び込むのである。(…)絶望の効力が、自分のなかのどこかに湧き上がり、自分でもよく分かっていなかった何かを解き放つ。世界に対して向けられていた暴力、だから他人からは自分たちがそれぞれにそのイメージだか対象だかに見えていたであろう暴力――破廉恥にも、自分たちがそれを享受していたのだ。(8)

こうした性愛への自己放棄は、自らの内に刻み込まれた破壊性の逆説的表出である。この貪り尽くすような性愛は、自己の内での空虚の反復のごときものであり、今や自分の生の中心を占めている、その空虚の存在を受け入れることでもある。被った暴力の内の何かが呼び込まれてしまったのだ。自分のなかに、その空虚の焼けつくような痛み、刺すような痛みの痕跡が残っている。この欲望の激昂を享受するなかで、試練を経験した人は、それを活性化している破壊的衝動の内のいくらかを放出する。意に反して、自分が暴力の源泉となり、自らのものとしてその暴力を反復することになる。解放されたリビドーは、自分の身を貫き、部分的に破壊し、ほぼ消滅させていった暴力について何事かを語る。それは、自分のなかに打ちこまれた空虚について何かを語る。それは、喪失経験についての、

(8) Philippe Forest, *Le Nouvel Amour*, *op. cit.*, p. 31-32

身体による、他者との関係のなかでの表出であり、しかしその経験はきわめて伝達困難なのだ。性愛と死の象徴的な近接性を取り込むことによって、この「愛欲の沸騰」は実際に、二重に死へといたる様式となる。自己の死と他者の死とが、そのドラマのなかで近接するのだ。素朴にも生を信頼していたかつての自分自身を死にいたらしめること、そして、他者や世界に対する無頓着さの喪失を悲嘆すること。パトリック・オトレオは言う。「しかし、何か戻らないものがあるのだ。その不在が私に重くのしかかる。このリビドーの発現、この享楽への焦りは、むしろ、故人なき服喪のしるしなのだ(9)」。

この時、性愛は破壊の記憶であり、欲望は暴力の残余が宿る場所である。その性愛は、愛の表現、他者に向けられた情動の発露であるというよりも、暴力を汲み尽くすことを期待して、おそらくは空しく終わる、その際限のない喪失の再演の場面なのである。それは、夜を渡ってきた、その痕跡を抱えている。

(9) Patrick Autéraux, *ibid.*, p. 40.

訳注（第9章）

〔1〕ジョルジュ・カンギレム（Georges Canguilhem）によれば、個々の生命体は、ある時点での環境との相互作用において、生命を維持するための活動を支える、相対的に安定した編成を取っている。そこに実現されている状態は、生命体にとって価値中立的なものではなく、まさに生命体それ自身の視点から見て「好ましい」ものであったり「好ましくない」ものであったりする。つまり、生きているということは、環境に対する自己の全体的な編成について価値的な判別を行い、達成・維持されるべき「状態」を「ノーマルなもの」として設定し続ける働きが生じているということなのである。ここに、生命体が自ら（主体的に）創設する「規範的」な状態が構成される。この「規範的」な状態が、身体の内外から生じる何らかの要因によって均衡を失い、生命体にとって「好ましくない」「別様の成り行き」へと移行することが「病理」である。しかし生命体には、その損なわれた状態から再び均衡を生み出す力、「規範形成力」が存在する。病いによる変質を受け止め、新しい生活の形を生み出す力の持続。カンギレムはここに「健康」の本来の意味を見いだす。しかし、そのような形で生じる回復は決して元の状態に回帰するということではなく、ひとつの生活状態を失った有機体が、新しい秩序を再構築することを指している。どのような「治癒」も「生物学的に無垢の状態にもどること」ではありえない。「治るということは、新しい生命規範を（…）手に入れることである」。そこには、「生物学的規範性の非可逆性」が存在しているのである（Canguilhem, *Le Normal et le pathologique*, P.U.F. 1966〔ジョルジュ・カンギレム、滝沢武久訳、『正常と病理』、法政大学出版局、一九八七年、二一〇頁〕）。

〔2〕フィリップ・フォレスト（Philippe Forest, 1962-）は、フランスの比較文学研究者であり、イギリスとスコットランドのいくつかの大学で教鞭を執ったあと、ナント大学の教授を務める。日本文学の研究者でもあり、大江健三郎や「私小説」についての研究書、写真家荒木経惟の評伝も刊行している。ひとり娘・ポ

ーリーヌを四歳の春にがんで亡くし、この死をきっかけとして、小説『永遠の子ども』を執筆。以後、自らの経験に基づくオート・フィクションの書き手として、多くの作品を著している。『新しい愛（*Le Nouvel amour*）』（二〇〇七年）では、娘を失ったあと、妻アリスとの関係が次第に破綻していくなかで、「僕」がルーという女性と新たな関係を結んでいく過程、その三年余りの月日がたどられていく。別の男性との関係の破綻に苦しんでいたルーと「僕」は、出会ってすぐに親密な関係になり、深く愛しあうようになる。ルーには別の男性とのあいだに生まれた娘がいたが、「僕」はその娘レアともうまくつきあうことができる。しかしながら、「僕」はアリスと離婚することもせず、ルーもまたそれを求めない。濃密な情動性をともなう官能的な肉体関係を重ねながら、二人はその先に新しい生活を見いだすことができない。その理由は単純には語れない。だからこそ、フォレストはこの小説を書くのである。「僕には分かっていた。何かがうまくいっていなかった。ずっと前から。何かが、僕の生の底から回帰する。僕が完全に忘れ去ってしまいたかった何かが。一つの切れ目、一つの亀裂。何もかもが僕をそこに滑り落とそうとする。新しい愛のもたらす新しい幸福でさえ、私の生がはまり込んでしまったこの空白を埋めることができない。悪しきものはおそらく、あまりにも深く、あまりにも古くからあったのだ」（Philippe Forest, *Le Nouvel amour*, Gallimard, p. 109）。ルーとあいだに生まれた新しい愛は、娘との死別や妻との関係の破綻という傷を癒し、再生しようとする衝動に応えるだけではない。その関係そのものに、「僕」のなかに開かれてしまった「亀裂」が働きかけており、それを埋めることができないまま、二人の関係はやがて綻びを見せるようになる。

第10章　夜を渡る

夜は、不安と身をさいなむ記憶の場所である。私たちはしばしばそこにとらわれ、激しい強迫観念を前に無力となり、無意識のうちに夜を渡ることができなくなる。思い出があまりにも強く立ち現れるので、私たちは眠れなくなるのだ。『反時代的考察』においてニーチェは、人間の忘却する力を礼賛している。人は過去を昔のこととして、歴史のなかに書き込むことができる。この哲学者によれば、私たちは「限られた視界の内」においてのみ健康を享受し、今を生きている者たちに固有の創造的エネルギーを駆使することができるのである。私たちは、現在に対する過去の支配力に限界を設け、生きられている瞬間に過去が侵食してくるのを食い止め、「生きているものを蝕み、ついには滅ぼしてしまう」空しい反復、「反芻」と不眠の内に自己を閉ざしてしまわないようにしなければならない。(1)こうして眠れないということが、私たちをゆっくりと殺していく。不眠とは、力を緩めることの不可能性であり、自分を投げ出してしまえるような眠りの拒絶である。夜を超えて、消えてしまうことを受け入れて、過ぎた日を忘れ、自己に対して不在となること。生きている者の意識が明日に向かっていくためにはそれが必要である。だが、眠りなき意識は果てしなく過去を引き延ばし、過去が消失することを拒絶する。不眠は現存を膨張させ、過去を切り離すことを拒み、それがなんであるのかを理解することもないまま、その空しい努力に消耗する。昼のあとには夜が来ることを受け入れねばならない、とニーチェは言う。明と暗を区別し、まなざしの内に収めることのできるものと、視野の外にあるものとを切り分けねばならない、と。決定的に外部にとどまるべきものがあるのだ。言葉の一切の意味において、もはや見ることのできないもの。ニーチェは私たちに、「自己のまわりに、限られた視界を設ける(2)」ことをうながす。切り分け、輪郭を描き、現在の範囲と境界線を定めること。しかし、それほど容易に距離を取ることが、自分自身をしるしづけているものを限定することができるだろうか。
私たちが皆同じように、過去を忘却できる状態にあるわけではない。それは、現実には、過去を変形するということである。私たちの誰もが、「過去を区分けして自分のものとし」、それを管理し、それによって自らを養い、「それを吸収し、いわば血肉に換える」[3]ことができるわけではない。すべての人間、民族、文明が同様の「可塑的な力」をもっているわけではない。

私は、自己を自己の外部へと展開させることを可能にする、この力について語りたい。それぞれに固有のやり方で過去の物事を変形し、身体化し、傷を癒し、失われたものを置き換え、砕けた形に自ら新たな配置を与える力。この力をほとんどもたない

(1) Nietzsche, *Seconde consideration intempestive*, *op. cit.*〔フリードリッヒ・ニーチェ、小倉志祥訳、『反時代的考察(ニーチェ全集4)』、ちくま学芸文庫、一九九三年、一二五頁〕。
(2) *Ibid.*〔訳書、一二六頁〕。
(3) *Ibid.*〔訳書、一二六頁〕。

人々がいて、たった一度の出来事、ひとつの苦しみ、時にはほんの些細な一度の不当な仕打ちがとどめを刺してしまうことがある。あたかも、ちょっとした擦り傷で、全身の血が抜けてしまったかのように。その一方で、きわめて残酷で怖ろしい人生の偶発事にも、ほんのわずかしか傷つかず、すぐにも比較的元気な状態、ある種の平静な意識にいたる人々がいる。(4)

それぞれの人が、自己の周りに描き出さねばならないこの領域と、決して純粋に知的であったり抽象的であったりしない過去と自分との関係について問わなければならない。そこには常に、自分に触れる事物との関わりがあり、そのために忘却することがあまりにも厄介なものになる。自分が経験しなかった歴史上の出来事、自分自身に刻印を残していない出来事を忘却するのはたやすい。これに対し、戦争が自分の近親者に及ぼした影響から距離を取ること、強く愛した人を忘れること、大切な思い出がつまっている場所を離れることは難しい。忘却が時にこれほどまでに困難なのは、それが何かを剝ぎ取ることになるからであり、誰か、あるいはひとつの暮らし方の決定的な喪失を確認することになるからだ。その人、あるいはその暮らしの不在を、私は、崩れ落ちることなしに支えられるとは思えないのである。この意味で、「ちょっとした擦り傷」は存在しない。すべては、不協和音が自分自身のストーリーのなかでどのように響くかによって変わるのである。火傷した皮膚に負った小さなかすり傷は耐えがたいものになる。過去のいくつかの要素はなだめがたい。私たちが時間のなかに巻き込まれ、時の襞の内に、そこに織り込まれた諸関係の内にとらわれているがゆえに、私たちの生活は、役者が舞台から舞台へと移っていくように一つひとつを切り離すことができるような場面の連鎖としてあるわけではない。私たちはなおも過去に執着しており、その過去のおかげを被っていると思っているがゆえに、切り離すことはとても大変なのだ。その時には、過去を本当に忘れるのではなく、それを変形させなければならない。ニーチェが言うように「砕けた形に新たな配置を与える」こと、その配置を自分のなかから立ち現させること。断絶は、それが打ち砕いたものをつかみとっているのであれば、創造的である。おそらく、この「可塑的な力」、あらたな生の形

(4) *Ibid.*, マランによって訳文は修正されている〔訳書、一二五―一二六頁〕。

を創造する力が私たちを救うのだ。それは、過去の致命的な諸要素を断ち切って、主体が自己の生活あるいは同一性を再創出する能力の内にある。

第11章　契約の破綻

「揺れるとはどういうことか、私は知っている」(1)
（マリオン・ミュレ＝コラール）

それを揺さぶり、傾け、深い刻印を残す実存的断絶によって試練を課せられた、さまざまな生。本書で私は、それをたびたび火傷や罅としてとらえてきた。それらに共通するのは、人の自己定義の仕方に関わるような喪失の体験、ある自己概念、ある同一性の喪に服するという体験である。断絶のあとでは、もう自分を以前と同じようなものと考えること

（1）Marion Muller-Colard, *L'Autre Dieu. La Plainte, la Menace et la Grâce*, Labor et Fides, 2014, p. 102.

ができないし、以前と同じような考え方をすることもできない。何かを思い描き、精神的にとらえる骨組みそのもの、より一般的には自分の信念や信仰の構造そのものが変わってしまったのだ。不幸なことが起こるという考えをおのずから遠ざけていた、深く根を下ろした信念を断絶が一掃してしまう。哲学者マリオン・ミュレ＝コラールが正確に述べているように、人はそれぞれに、自らの不安を無数の信念で覆い隠している。想像の「囲い」(2)に守られて、自分は安全な場所にいると信じているのである。私たちは契約のようなもの、人間の生活に適用される正義のようなものが存在すると思っている。一人ひとりが、各々の神話のなかで、「なぜ自分は生きているのか、この生を受け入れ可能なものにしている契約の基盤は何なのか」(3)を定義している。しかし、病いや障害や近しい人の死は、その契約を破り、ひどく不正なことが起こっているという印象を与える。囲いは存在せず、何一つ、誰一人自分を守ってくれない。信じていたものは、現実の衝撃によって崩壊してしまう。悲劇的な出来事、偶然の事故はそれぞれに、人が神的なもの、運命、幸運や統計的合理性の神々とのあいだに秘かに交わしていた暗黙の契約を断ち切ってしまう。人々は、そんなこと（きつい仕事からリタイアした翌日に死んでしまうようなこと）になったらほんとに理不尽だとか、そんなこと（自分の子どもが感染症から一命をとりとめたのに、二次感染に罹ってしまうようなこと）はほとんどありえないと自分に言い聞かせてきたのである。不幸な出来事の可能性が語られた時には、誰でも、宗教者や医師でさえも、心を落ち着かせ、同時に盲目にさせるような幻想にとらわれかねない。病院付きの司祭であったマリオン・ミュレ＝コラールは、信じていたものが悲劇的な出来事によって一掃されてしまう場面を見ている。「私が熱心に見守ってきた無数の信念は、予期せぬ出来事によって引き裂かれてしまった生の隙間に飛散してしまう。（…）私はまさに、病いによって契約が破られてしまうのを見たのだ[4]」。

（2）著作のなかにくり返し現れるこの囲いのイメージの起源は、ヨブの姿の内に見いだされる。cf. *ibid.*, p. 38 :「ヨブのように、自分が囲いに守られていると信じて、我々は安らかに眠る」。さらにはまた、*ibid.*, p. 51 :「彼［ヨブ］は大切なものを失った、それは囲いの安全である」。
（3）*Ibid.*, p. 39.
（4）*Ibid.*, p. 38.

「偶発事に見舞われた」生の経験とは、「怖ろしい剝き出しの現実」(5)を経験することである。自分自身のそれであれ、近しい人々のそれであれ、死や苦しみを考えることから自分を守っていた想像の非合理性が露わになってしまうのだ。彼女自身が息子の病気、大文字の脅威、つまり生死に関わる不安を経験したマリオン・ミュレ＝コラールは、自分を含めて人々が心を穏やかにするためにそれぞれの「神」と結んでいた想像上の契約をつきとめ、それが、神に対する自己の関係を歪めていたことを知るのである。(6)

こうした個人生活の破局を経験していくなかで、何かが自分自身のなかで罅割れる。世界の秩序について自分が思い描いていたもの、自分の存在の意味に関する問い、正義と不正義に関する問いに触れるような何かが。世界のバランス、喜びと苦痛の差し引き、個々人に負わされる課題のバランスについての無意識のイメージ。私たちはそれらが、自分で作り出したもの、自分を不幸から守っている「確信の砦」(7)の壁にほかならないことを見いだす。マリオン・ミュレ＝コラールはラカンを引いて言う。現実界とは「人が突き当たる障壁」(8)であり、人は「氷った水槽［のなか］」に投じられたかのように、剝き出しの生」(9)に浸っている自分を見いだすのだと。現実は時に、私たちを獲物の動物のように「狩り出す」[10]。私たちはもはやテレビの視聴者、苦しみの映像に心を動かされても操作ひとつで画面を消すことができる者の側にはいない。私たちは、喪失の不安、自分自身あるいは大切な人の苦しみに対する傷みのなかにあって、それを和らげることができない。マリオン・ミュレ＝コラールは、自分自身の経験を伝えている。彼女は、妊娠していた時には、ネッケル病院の小児科に入院している子どもたちのドキュメンタリーを「安全なテレビ画面

（5）*Ibid.*, p. 41：「偶発事に見舞われて、怖ろしい剝き出しの現実を生きるこれらの人々に私が近づきえたのは、私自身が、息子の病床に自分をつなぎとめていた不安に慣れ親しんでいたからだ」（マリオン・ミュレ＝コラールはここで、病院付き司祭としての自らの経験を語っている）。
（6）*Cf. ibid.*, p. 82：自らの信仰についての強靭な批判的分析のなかで、マリオン・ミュレ＝コラールは、「自分は守られるという無意識の契約」を神と結んでいたのだと述べる。
（7）*Ibid.*, p. 55, パウル・ティリッヒの著作『生きる勇気』から著者（ミュレ＝コラール）が借りた表現。
（8）Marion Muller-Colard, *L'Autre Dieu*, *op. cit.*, p. 97.
（9）*Ibid.*, p. 102.
（10）*Ibid.*, p. 56.

の向こう」に観ていたのであるが、その数か月後、彼女自身が息子とともに蘇生治療室に立つことになるのだ[11]。

その時、何を思うのか。「こんなことは契約にはなかった[12]」。生まれたばかりのこの命が衰弱し、後退し、わずか数週間生きただけで亡くなってしまう危険にさらされているのは、なんと不条理なことだろう。それは契約にはなかった。なぜなら、契約など存在しないからだ。物事は人がそれを想像したようには推移しないものだからだ。この合理的な世界のなかで、私たちは、物事を計画する論理と、それを計画さえすれば心の内に描いたとおりのものになるだろうという非合理な信念との、奇妙な共謀関係を育んでいる。人がかたくなに信じている姿、人生は思い描くことができるものであって、計画や企ての通りに展開されていくのだと考えて満足している姿を見るのは、常に驚きである。実際には、唯一確かなこと――生活の連続のなかには予期せざること、偶発事、裂け目が避けがたく生じるということ――を、私たちが考えようとしていないだけなのだが[13]。私たちは脅威を、自分の生に内在するリスクを考えることを自らに禁じている。誰もが自分は、魔法の力で、安全な場所にいると思っている。あたかも、それが暗黙の契約の一部であるかのように。

断絶は、すべての生にともなうリスク、喪失のリスクが現実のものであることを示し、私たちを自らの脆弱さへ、無力さへと連れ戻す。

ある日、病院の廊下を、子猫を見失ってしまった母猫のような狂った目つきをして、さまよっている自分に気づく。なすすべもなく、ほんの小さな、何の疑いも抱かない体が、たった一度の呼吸をするために闘っているのを見る。何も気にかけずにこの世に生み出してしまったこの小さな体が。でももう、誰に頼ったらいいのかも分からない。誰の手に、今までその命を委ねていたのかも、全然分からない。[14]

こうした極度の不安を経験してしまうと、恐れから完全に解放されることがなくなる。

---

(11) *Ibid.*, p. 35-36.
(12) *Ibid.*, p. 37.
(13) *Ibid.*, p. 70 :「どうにもならない運命の脅威が、残念ながら、私たちの人生のそれぞれに迫ってくる」。
(14) *Ibid.*, p. 81.

恐れは皮膚の下にもぐり込み、生活の表皮に張りつき、新たな脅威を示すごく小さなしるしをも待ち受けてしまう。「どんな補修材もこの割れ目には持ちこたえられない(15)」のだとしたら、その時、どのように生きていけばよいのだろう。

そのあとにはしばしば、試練を負った人の消失、その人が姿を消し、退出するエピソードが続く。惨事に打ち負かされ、皮を剝がれた人は、まだあまりにも厳しすぎる現実との接触に耐えることができなくなる。試練のあとに、それを耐え抜いたあとに、崩れ落ちてしまう。断絶は私たちを剝き出しの状態で置き去りにする。心の外皮を剝がれて、自己を放棄することが、どうやら必要になる。別様に生まれ変わり、生命の運動を取り戻し、なんらかの同意と信頼の形を回復するためには、おそらく、こうした「人格的同一性の夜(16)」、自己に対する不在の時を潜り抜けなければならないのだ。

「保証された生活を送ることはできないと認識する瞬間［から］、確かなものも、完全なものも、絶対の安全もないまま、毎朝起床して生き続けることができるようになる時(17)」まで、どのように移行していけばよいのか。

破局を知るまで自分自身のものであったあの無頓着さをもたずに、どのようにして生活に戻ることができるのか。かつて自分が抱いていた信頼が崩れ去ってしまった場所で、どうすればこの不確かさとともに生きていけるのか。試練が自分を突き崩し、血を奪い、エネルギーを枯渇させてしまった時、何をすればよいのか。[18] この不確実性に、次の不幸への恐れに「飲みこまれた」ままにならないようにするにはどうすればよいのか。[19]「脅威を前にしてなお生きていく勇気をどこに見いだせばよいのか[20]」とマリオン・ミュレ＝コラールは自問する。

---

(15) *Ibid.*, p. 49.
(16) Paul Ricœur, *Soi-même comme un autre*, Seuil, coll. « Points », 1990, p. 197〔ポール・リクール、久米博訳、『他者のような自己自身』、法政大学出版局、一九九六年、二一五頁〕。同書、p. 196〔訳書、二一五頁〕も参照せよ。「実存の最も劇的な変容は、このような人格的同一性の虚無という試練を経なければならないだろう。その虚無は、変化の過程にある碁盤目の空虚に相当するものだろう」。
(17) Marion Muller-Colard, *L'Autre Dieu*, *op. cit.*, p. 55.
(18) *Cf. ibid.*, p. 31：「夏とともに、世界の復活と息子の復活を祝わなければならない一方で、私は、陽のさすタイミングをとらえて洗濯の支度をすることもできず、闇のなかに沈んだままだった」。
(19) *Cf. ibid.*, p. 99.
(20) *Ibid.*, p. 54.

喜びのなかに。生きていくことのリスクをとる。それは、喜びの可能性に賭けることである。そして、悲劇的な夜にあっても、彼女のなかに保たれていた喜びのかすかな輝きを想い起す力をもつこと。

「人は、ごくささやかな人生のなかでも、たくさんの奈落に触れ、そしてたくさんの素晴らしい出来事に触れる。私の息子の、小さな命の何という大きさ……」[21]

おそらくは、ただ「この胸を高鳴らせる、［子どもたちの］笑顔」[22]のなかに、私たちは生の不確かさに向き合う力と生きていく勇気を再発見するのだ。

（21）*Ibid.*, p. 109.
（22）*Ibid.*

訳者あとがき

本書は、Claire Marin, *Rupture(s)*, L'Observatoire, 2019. の全訳である。

はじめに、この書名の含意と、その訳語の選択について述べておこう。rupture は、つながりが断たれて急激な変化が生じることを表す言葉である。表題としては最も適用範囲の広そうな「断絶」を採用したが、「切断」「決壊」「破砕」「絶交」「破棄」「解消」などの意味に対応しうる。また例えば、失恋や離婚のような恋愛・婚姻関係の破綻は rupture amoureuse と表現され、日常的にも使用される。本書では、「愛する人との別れ」「愛の破局」あるいは単に「別れ」と訳した個所もある。その他、契約の「破棄」、関係の「破綻」、家族との「訣別」など、rupture には文脈に応じて異なる訳語をあてざるを得なかった。

そして、お気づきのように、書名には括弧つきの（s）が添えられている。この（s）をどのように理解すればよいのか。マランは、ある雑誌（*Le Journal du Dimanche*, 二〇一九年三月二四日）でのインタビューにおいて、なぜ（s）を加えたのかと問われて、まず、ひとつの断絶は自己の同一性や社会内での自己の位置を問い直すことになるので、しばしば次の断絶を呼び起こすこと、そして第二に、ひとつの断絶が生じる時には先行的にいくつもの傷や罅が生じており、累積された小さな亀裂があるきっかけによって再生され、断絶をもたらすものだからだと答えている。その意味で、（s）は、断絶が一回性のものではなく、反復的、連鎖的であることを表していると言えるだろう。また、本書全体を読むと、「断絶」の様々な相を論じつつも、それらを個々バラバラのものではなく一般的様相においてもとらえようとする意思が感じられる。多様な「断絶」についての考察が互いに呼応しあう形で、その本質的な構造が把握されていく、と言えばよいだろうか。いずれにせよ、この（s）は、日本語の名詞に単数形・複数形の区別がないことを踏まえて、訳語には反映させず「断絶」とした。

名詞 rupture に対応する動詞が rompre（断つ）、受動態では être rompu（断たれる）であり、再帰動詞 se rompre も頻用される。本文中でも触れられているが、この語の受動態にはまた特異な意味もあり、être rompu à… で「…に慣れた、熟練した」を指すこともある。「断たれる」「砕かれる」ということは、ただ「壊されて」「形を失う」ばかりではなく、「こなれて、馴染んでいく」一面もあるということであろう。

マランは他の著書でもしばしば多義語を駆使して、意味の連想を重ねながら論を進めているが、本書ではとりわけ rupture の意味の多面性を利用して多様な事象を考察の俎上に載せつつ、それらに通底する様相を浮かび上がらせようとしている。訳文中に対応する原語を挿入することは最小限に控えたが、存在の断絶的な変化、変質、変貌をとらえる基本語として、rupture がいたるところに散りばめられており、文脈毎に異なる訳語があてられていることをご承知おきいただきたい。

クレール・マランの著作は、拙訳によりこれまで三冊の日本語版が刊行されている。

『私の外で　自己免疫疾患を生きる』(ゆみる出版、二〇一五年)

『熱のない人間　治癒せざるものの治療のために』(法政大学出版局、二〇一六年)

『病い、内なる破局』(法政大学出版局、二〇二一年)。

著者についてはこれらの訳書のあとがきにおいて既に紹介したので、ここでは詳述しない。

自己免疫疾患の罹患を契機として、病いと生、医療とケアの哲学的考察に向ったマランが、その体験のなかで主題化してきた一つの問い、存在の持続と断絶をめぐる問題を、狭義の病理経験に限定せず、人間の条件に関わるものとして展開させた哲学的エッセイが本書である。ただし『断絶』は、哲学や臨床の専門家に向けてというよりもむしろ広い読者層に宛てて書かれており、フランスでは女性誌『ELLE』などにも取り上げられ、短期間に増刷を重ねており、哲学書としては稀な発行部数を記録したようである。取り上げられるテーマも、恋愛とその破局、愛する人の不在、家族との訣別、出産と生誕、怪我による身体変容、アルツハイマー病による人格変容など多彩に広がっており、読者の関心や視点に応じて様々な読み方が可能であると思われる。ここでは、冗長な解説を付与することは控え、一読者としてどこに惹きつけられるのかを記して、あとがきにかえたい。

マランの著作には常に、存在の脆弱さ、壊れやすさに対する眼差しがある。常識的な期待や希望の言説に抗して、人間存在がいかに脆いものであるのか、容易に破局から回復しえないものであるのかを冷静に見極め、正確に言葉にしようとする姿勢が一貫してある。自らの病いの体験にもとづいて書かれた『私の外で』(二〇〇八年、原書刊行、以下同)や『病いの暴力、生の暴力』(二〇〇八年)では、存在の拠り所としての生命有機体が自己解体を原理として変質する様が描き出されていた。『病い、内なる破局』(二〇一四年)では、疾患がいかに存在の同一性を根底から動揺させるものであるのかが問われていた。その現実に対して、『熱のない人間』(二〇一三年)では、医療がいかに「治癒せざるものの治療」としてありうるのかが問われ、「解体し、変容する存在に寄り添うこと」にケアの本質が求められた。本書『断絶』では、この存在の脆さが、人生の様々な局面において生じる出来事に即して主題化されていく。例えば「愛する人との別れ」は、相手の存在をきれいに切り落として元通りの自分を回復することではない。それは、複雑に絡み合って自他の境界さえ分からなくなってしまった者が互いに「引き裂かれる」ことであり、それゆえに「断絶」の痕跡は容易に消し去ることはできない。あるいは、アルツハイマー病のような脳神経系の疾患は、身体的な生命が絶たれる前に、その人の「再認」を困難なものとし、人格的存在の「消失」を生じさせることがある。こうした存在の弱さを、本書は例外的な病理的経験ではなく、明確に、時代の徴候として位置づけている。私たちは「断絶の時代」を生きているのである。

しかし、マランは「断絶」の否定的な一面、あるいは存在の弱さばかりを見ているわけではない。存在の同一性の脆さを語りつつ、引き裂かれながら、あるいは砕かれながら生きていく生命体の強さ、時には自己をつなぎとめている鎖を「切断」することによって、変貌し、新たな者に生まれ変わろうとする人間の姿をもとらえようとする。この両義性が本書の読みごたえを支えているように思われる。病いの経験を語る文脈では、身体が病理的な変化を受け取り、存在の同一性に深い傷を負いながらも、その組成を組み換えつつなおも生き延びようとする生命体の可塑性、あるいはその「隠れた能動性」が強調されていたが、本書では、存在の解体の危機とその組み変わりの可能性が、より社会的な文脈、つまりは人と人の関係のなかに置かれ、多様な情動的経験と結びつけられる形で論じられている。そこでは、存在を変質させようとする力が外部から生じる場合もあれば、自己の内側から「断ち切って、生き延びようとする」意志、ただし深く身体に根ざした意志として生じる場合もある。例えば、長く自己形成の場であった軍学校・軍医学校を離れて、「ぼろ切れ」のようになりながらも、新たな生活を見いだそうとしたシャルル・ジュリエの事例（第3章）。暴力的な親の元を逃げ出し、「家族を捨てる」ことで生き延びようとする双子の兄妹の物語（第7章）。それらは、彼らにとって「断絶」が生存の条件であったことを示している。

とはいえ、意志的であるか否かが本質的に重要なわけではない。断絶は同一性の危機でありながら、存在の可能性でもある。それは、人間存在を滑らかな時間性の内に包摂された一個の実体としてではなく、その形相的本質を組み換えながら（断絶の試練にくり返し立ち会いながら）生き延びていく生命体としてとらえるということでもあるだろう。そしてまた、変身することによって生き延びようとする者にとっては、逆に、過去の断ち切りがたさ、同一性の執拗な持続が問題として現れる。存在の同一性が本質的な実体としてあるわけではないとしても、それは容易に捨て去ることができるものではない。

「我々は粘り強く、一夜の内に打ち砕かれることはないだろう」。巻頭に掲げられたニーチェの言葉には、脆さと強さ、あっけなく損なわれて変貌していく一面と、断ち切られながらも持続していく粘り強さとを同時に備えた、人間存在の両義性への認識が込められているように思える。

翻訳にあたり、原文のフランス語の理解について貴重なご教示をくださった、法政大学社会学部の同僚・高橋愛先生に、そして『熱のない人間』、『病い、内なる破局』に続き編集・刊行を担ってくださった、法政大学出版局の前田晃一さんに感謝の言葉を申し上げたい。ありがとうございました。

二〇二三年七月一三日

鈴木智之

参考文献

ANDREAS-SALOMÉ, Lou et RILKE, Rainer Maria, *Correspondance*, Gallimard, 1985.

AUTRÉAUX, Patrick, *Dans la vallée des larmes*, Gallimard, 2009.

—, *Se survivre*, Verdier, 2013.

BARTHES, Roland, *Fragments d'un discours amoureux*, dans *Œuvres complètes*, t. V, 1977-1980, Seuil, 2002.〔『恋愛のディスクール・断章』、三好郁郎訳、みすず書房、1980 年、2020 年新装版〕

BEAUVOIR, Simone (de), *La Femme rompue*, Gallimard, coll. « Folio », 2012.〔『危機の女』、朝吹登水子訳、人文書院、1969 年〕

BERGSON, Henri, *Conférence de Madrid sur la personnalité*, dans *Mélanges*, PUF, 1972.

—, *Matière et mémoire*, PUF, Quadrige, 1990.〔『物質と記憶』、杉山直樹訳、講談社学術文庫、2019 年〕

—, *Le Souvenir du présent et la fausse reconnaissance*, PUF, Quadrige, 2012.

—, *Le Rire*, PUF, 2012.〔『笑い』、増田靖彦訳、光文社古典新訳文庫、2016 年〕

BERGOUNIOUX, Pierre, *Exister par deux fois*, Fayard, 2014.

BIRMAN, Chantal, *Au monde. Ce qu'accoucher veut dire*, Seuil, coll. « Points », 2009.

BOBIN, Christian, *La Part manquante*, Gallimard, coll. « Folio », 1994.

BOUILLIER, Grégoire, *Le Dossier M*, Gallimard, t. I, 2017, t. II, 2018.

BUTOR, Michel, *La Modification* [1957], Éditions de Minuit, coll. « Double », 1980.〔『心変わり』、清水徹訳、岩波文庫、2005 年〕

CANGUILHEM, Georges, *Le Normal et le Pathologique*, PUF, coll. « Quadrige », 2013.〔『正常と病理』、滝沢武久訳、法政大学出版局、1987 年〕

CHABERT, Catherine, *Maintenant, il faut se quitter*, PUF, 2017.

COHEN, Albert, *Belle du seigneur,* Gallimard, 1968.

COCTEAU, Jean, *La Voix humaine*, Stock, 2002.〔「声」、『アガタ／声』、渡辺守章訳、光文社古典新訳文庫、2010 年〕

DELABROY-ALLARD, Pauline, *Ça raconte Sarah,* Éditions de Minuit, 2018.

DELEUZE, Gilles et PARNET, Claire, *Dialogues*, Flammarion, coll. « Champs », 2008.〔『対話』、江川隆男、増田靖彦訳、河出文庫、2008 年〕

—, *L'Épuisé*, postface à Beckett, Samuel, *Quad*, Éditions de Minuit, 1992.〔『消尽したもの』、宇野邦一訳＋サミュエル・ベケット『クワッド』他、高橋康也訳、白水社、1994 年〕
—, *Critique et clinique*, Éditions de Minuit, 1999.〔『批評と臨床』、守中高明、谷昌親訳、河出文庫、2010 年〕
Delecroix, Vincent, *Ce qui est perdu*, Gallimard, coll. « Folio », 2009.
— et Forest, Philippe, *Le Deuil*, Philosophie Éditions, 2015.
—, *Non ! De l'esprit de révolte*, Autrement, 2018.
Dufourmantelle, Anne, *Puissance de la douceur,* Payot & Rivages, 2013.
—, *En cas d'amour*, Payot & Rivages, 2013.
—, *Se trouver,* JC Lattès, 2014.
—, *Éloge du risque,* Payot & Rivages, 2014.
—, *La Sauvagerie maternelle*, Payot & Rivages, 2016.
Duras, Marguerite, *Le Ravissement de Lol V. Stein*, Gallimard, coll. « Folio », 1998.〔『ロル・V・シュタインの歓喜』、平岡篤頼訳、河出書房新社、1997 年〕
—, Lettre de rupture à Yann Andréa, 23 décembre 1980.
—, *L'Amant,* Gallimard, 1984.〔『愛人』、清水徹訳、河出文庫、1992 年〕
—, *La Couleur des mots. Entretiens avec Dominique Noguez, Autour de huit films*, Édition critique, Benoît Jacob, 2001.〔『デュラス、映画を語る』、岡村民夫訳〕
During, Élie, « Introduction » dans, Henri Bergson, *Le Souvenir du présent et la fausse reconnaissance*, PUF, coll. « Quadrige », 2012.
Duroy, Lionel, *Le Chagrin*, J'ai lu, 2011.
Ehrenberg, Alain, *La Fatigue d'être soi,* Odile Jacob, 1998.
Eribon, Didier, *Retour à Reims*, Flammarion, coll. « Champs », 2018.〔『ランスへの帰郷』、塚原史訳、みすず書房、2020 年〕
Ernaux, Annie, *Passion simple,* Gallimard, coll. « Folio », 1991.〔『シンプルな情熱』、堀茂樹訳、ハヤカワ文庫、2002 年〕
—, *Se perdre*, Gallimard, coll. « Folio », 2001.
—, *Mémoire de fille*, Gallimard, coll. « Folio », 2016.
—, *Écrire la vie*, Gallimard, coll. « Quarto », 2011.
Fitzgerald, Francis S., *La Fêlure*, Gallimard, coll. « Folio », 2014.〔「壊れる」、『ある作家の夕刻——フィッツジェラルド後期作品集』、村上春樹訳、中央公論新社、2019 年〕
Flem, Lydia, *Comment j'ai vidé la maison de mes parents*, Seuil, 2004.

—, *Comment je me suis séparée de ma fille et de mon quasi-fils*, Seuil, 2009.
Forest, Philippe, *Le Nouvel Amour*, Éditions de Minuit, 2007.
Freud, Sigmund, *Deuil et mélancolie*, Payot, « Petite bibliothèque », 2011.〔『喪とメランコリー』、伊藤正博訳、『フロイト全集 14』、岩波書店、2014 年〕
Gestern, Hélène, *Un vertige* suivi de *La Séparation,* Arléa, 2017.
Gobeil-Noël, Madeleine et Lanzmann, Claude, *Sartre inédit. Entretiens et témoignages, entretien à la télévision Radio Canada* (15 août 1967), DVD, Nouveau Monde éditions, 2005.
Hornby, Nick, *Haute fidélité*, 10/18, 1995.〔『ハイ・フィデリティ』、森田義信訳、新潮文庫、1999 年〕
Jaquet, Chantal, *Les Transclasses ou la Non-reproduction*, PUF, 2014.
Juliet, Charles*, Attente en automne*, P.O.L, 1999.
—, *Lambeaux*, Gallimard, coll. « Folio », 2005.
—, *L'Année de l'éveil*, Gallimard, coll. « Folio », 2006.
—, *Dans la lumière des saisons*, P.O.L, 1991.
Kafka, Franz, *La Métamorphose,* Gallimard, coll. « Folio », 1989.〔「変身」、池内紀訳、『カフカ小説全集 4　変身ほか』、白水社、2001 年〕
Kierkegaard, Søren, *L'Alternative. Le Journal du séducteur*, Gallimard, coll. « Folio », 1989.
—, *La Reprise*, Flammarion, coll. « GF », 2008.〔『反復』、桝田啓三郎訳、岩波文庫、1983 年〕
Kundera, Milan, *Risibles amours,* Gallimard, coll. « Folio », 1986.〔『可笑しい愛』、西永良成訳、集英社文庫、2003 年〕
Le Breton, David, *Disparaître de soi*, Métailié, 2015.
Malabou, Catherine, *Ontologie de l'accident,* Léo Scheer, 2009.〔『偶発事の存在論——破壊的可塑性についての試論』、鈴木智之訳、法政大学出版局、2020 年〕
Malherbe, Michel, *Alzheimer. La vie, la mort, la reconnaissance,* Vrin, 2015.
Mauvignier, Laurent, *Apprendre à finir*, Éditions de Minuit, 2009.
Michaux, Henri, *Bras cassé*, Fata Morgana, 2009.〔「折れた腕」、『アンリ・ミショー全集 II』、小海永二訳、青土社、1986 年〕
—, *Plume*, Gallimard, 1963.
Muller-Colard, Marion, *L'Autre Dieu. La Plainte, la Menace et la Grâce*, Labor et Fides, 2015.
—, *Le Jour où la Durance*, Gallimard, coll. « Sygne », 2018.

Neruda, Pablo, *Vaguedivague*, Gallimard, 1971.
Nietzsche, Friedrich, *Seconde considération intempestive*, Flammarion, coll. « GF », 1988.〔『反時代的考察（ニーチェ全集 4）』、小倉志祥訳、ちくま学芸文庫、1993 年〕
O'Connor, Flannery, *Œuvres*, Gallimard, coll. « Quarto », 2009.
Pontalis, J.-B., *Se perdre de vue*, Gallimard, coll. « Folio », 1999.
—, *En marge des nuits*, Gallimard, 2013.
—, *Marée basse, marée haute*, Gallimard, coll. « Folio », 2014.
—, *Œuvres*, Gallimard, coll. « Quarto », 2015.
Potte-Bonneville, Mathieu, *Recommencer*, Verdier, 2018.
Ricœur, Paul, *Soi-même comme un autre*, Seuil, coll. « Points », 1996.〔『他者のような自己自身』、久米博訳、法政大学出版局、1996 年〕
Rosenthal, Olivia, *On n'est pas là pour disparaître*, Verticales, 2007.
Rosset, Clément, *Loin de moi*, Éditions de Minuit, 2000.
—, *Tropiques. Cinq conférences mexicaines*, Éditions de Minuit, 2010.
Spinoza, *Éthique*, Flammarion, coll. « GF », 1993.〔『スピノザ全集Ⅲ　エチカ』、上野修訳、岩波書店、2022 年〕
Schütz, Alfred, *L'Étranger*, suivi de *L'homme qui revient au pays*, Allia, 2003.〔「他所者」、『現象学的社会学の応用』、桜井厚訳、御茶の水書房、1997 年〕
Valéry, Paul, *Œuvres*, Gallimard, coll. « Bibliothèque de la Pléiade », t. I, 2002.
Wauters, Antoine, *Pense aux pierres sous tes pas*, Verdier, 2018.
Winnicott, Donald, *Conversations ordinaires*, Gallimard, coll. « Folio Essais », 1988.

《叢書・ウニベルシタス　1159》
断絶

2023年9月28日　初版第1刷発行

クレール・マラン
鈴木智之 訳
発行所　一般財団法人　法政大学出版局
〒102-0071 東京都千代田区富士見 2-17-1
電話03(5214)5540 振替00160-6-95814
組版: HUP　印刷: ディグテクノプリント　製本: 積信堂
©2023

Printed in Japan

ISBN978-4-588-01159-7

著　者

クレール・マラン（Claire Marin）

1974年、パリに生まれる。2003年にパリ第四大学（ソルボンヌ）で哲学の博士号を取得。「現代フランス哲学研究国際センター」のメンバーを務めるとともに、セルジー＝ポントワーズのリセ、アルフレッド・カストレ校のグランゼコール準備クラスで教鞭をとる哲学者である。自らが多発性の関節炎をともなう自己免疫疾患に苦しめられ、厳しい治療生活を送ってきた患者（当事者）でもあり、その経験を起点として、「病い」と「医療」に関する哲学的な省察へと歩みを進め、精力的な著作活動を続けている。著書に、『熱のない人間――治癒せざるものの治療のために』（鈴木智之訳、法政大学出版局、2016年）、『病い、内なる破局』（鈴木智之訳、法政大学出版局、2021年）、自らの経験を小説として綴った作品『私の外で――自己免疫疾患を生きる』（鈴木智之訳、ゆみる出版、2015年）などがある。

訳　者

鈴木智之（すずき・ともゆき）

1962年生まれ。法政大学社会学部教授。著書に、『村上春樹と物語の条件――『ノルウェイの森』から『ねじまき鳥クロニクル』へ』（青弓社、2009年）、『眼の奥に突き立てられた言葉の銛――目取真俊の〈文学〉と沖縄戦の記憶』（晶文社、2013年）、『死者の土地における文学――大城貞俊と沖縄の記憶』（めるくまーる、2016年）、『郊外の記憶――文学とともに東京の縁を歩く』（青弓社、2021年）、『ケアとサポートの社会学』（共編著、法政大学出版局、2007年）、『ケアのリアリティ――境界を問いなおす』（共編著、法政大学出版局、2012年）、『不確かさの軌跡――先天性心疾患とともに生きる人々の生活史と社会生活』（共著、ゆみる出版、2022年）など。訳書に、A・W・フランク『傷ついた物語の語り手――身体・病い・倫理』（ゆみる出版、2002年）、B・ライール『複数的人間――行為のさまざまな原動力』（法政大学出版局、2013年）、M・アルヴァックス『記憶の社会的枠組み』（青弓社、2018年）、C・マラブー『偶発事の存在論――破壊的可塑性についての試論』（法政大学出版局、2020年）などがある。

——— 叢書・ウニベルシタスより ———
（表示価格は税別です）

1144　幸福の追求　ハリウッドの再婚喜劇
S. カヴェル／石原 陽一郎訳　4300円

1145　創られたサン＝キュロット　革命期パリへの眼差し
H. ブルスティン／田中正人訳　3600円

1146　メタファー学のパラダイム
H. ブルーメンベルク／村井則夫訳　3800円

1147　カントと人権
R. モサイェビ／石田京子・舟場保之監訳　6000円

1148　狂気・言語・文学
M. フーコー／阿部崇・福田美雪訳　3800円

1149　カウンターセックス宣言
P. B. プレシアド／藤本一勇訳　2800円

1150　人種契約
C. W. ミルズ／杉村昌昭・松田正貴訳　2700円

1151　政治的身体とその〈残りもの〉
J. ロゴザンスキー／松葉祥一編訳・本間義啓訳　3800円

1152　基本権　生存・豊かさ・合衆国の外交政策
H. シュー／馬渕浩二訳　4200円

1153　自由の権利　民主的人倫の要綱
A. ホネット／水上・大河内・宮本・日暮訳　7200円

1154　ラーラ　愛と死の狭間に
M. ホセ・デ・ラーラ／安倍三﨑訳　2700円

1155　知識・無知・ミステリー
E. モラン／杉村昌昭訳　3000円

1156　耐え難き現在に革命を！　マイノリティと諸階級が世界を変える
M. ラッツァラート／杉村昌昭訳　4500円

1157　魂を失った都　ウィーン 1938 年
M. フリュッゲ／浅野洋訳　5000円

叢書・ウニベルシタスより
（表示価格は税別です）

1129 ドレフュス事件　真実と伝説
A. パジェス／吉田典子・高橋愛訳　3400円

1131 哲学の 25 年　体系的な再構成
E. フェルスター／三重野・佐々木・池松・岡崎・岩田訳　5600円

1132 社会主義の理念　現代化の試み
A. ホネット／日暮雅夫・三崎和志訳　3200円

1133 抹消された快楽　クリトリスと思考
C. マラブー／西山雄二・横田祐美子訳　2400円

1134 述語づけと発生　シェリング『諸世界時代』の形而上学
W. ホグレーベ／浅沼光樹・加藤紫苑訳　3200円

1135 資本はすべての人間を嫌悪する　ファシズムか革命か
M. ラッツァラート／杉村昌昭訳　3200円

1136 病い、内なる破局
C. マラン／鈴木智之訳　2800円

1137 パスカルと聖アウグスティヌス　上・下
Ph. セリエ／道躰滋穂子訳　13500円

1138 生き方としての哲学　J. カルリエ，A. I. デイヴィッドソンとの対話
P. アド／小黒和子訳　3000円

1139 イメージは殺すことができるか
M.-J. モンザン／澤田直・黒木秀房訳　2200円

1140 民主主義が科学を必要とする理由
H. コリンズ，R. エヴァンズ／鈴木俊洋訳　2800円

1141 アンファンタン　七つの顔を持つ預言者
J.-P. アレム／小杉隆芳訳　3300円

1142 名誉の起源　他三篇
B. マンデヴィル／壽里竜訳　4800円

1143 エクリチュールと差異　〈改訳版〉
J. デリダ／谷口博史訳　5400円

叢書・ウニベルシタスより
（表示価格は税別です）

1115 世界の他化　ラディカルな美学のために
B. マンチェフ／横田祐美子・井岡詩子訳　3700円

1116 偶発事の存在論　破壊的可塑性についての試論
C. マラブー／鈴木智之訳　2800円

1117 平等をめざす，バブーフの陰謀
Ph. ブォナローティ／田中正人訳　8200円

1118 帝国の島々　漂着者，食人種，征服幻想
R. ウィーバー＝ハイタワー／本橋哲也訳　4800円

1119 ダーウィン以後の美学　芸術の起源と機能の複合性
W. メニングハウス／伊藤秀一訳　3600円

1120 アウグストゥス　虚像と実像
B. レヴィック／マクリン富佐訳　6300円

1121 普遍的価値を求める　中国現代思想の新潮流
許紀霖／中島隆博・王前・及川淳子・徐行・藤井嘉章訳　3800円

1122 肥満男子の身体表象　アウグスティヌスからベーブ・ルースまで
S. L. ギルマン／小川公代・小澤央訳　3800円

1123 自然と精神／出会いと決断　ある医師の回想
V. v. ヴァイツゼカー／木村敏・丸橋裕監訳　7500円

1124 理性の構成　カント実践哲学の探究
O. オニール／加藤泰史監訳　5400円

1125 崇高の分析論　カント『判断力批判』についての講義録
J.-F. リオタール／星野太訳　3600円

1126 暴力　手すりなき思考
R. J. バーンスタイン／齋藤元紀監訳　4200円

1127 プルーストとシーニュ〈新訳〉
G. ドゥルーズ／宇野邦一訳　3000円

1128 ミクロ政治学
F. ガタリ，S. ロルニク／杉村昌昭・村澤真保呂訳　5400円

叢書・ウニベルシタスより

（表示価格は税別です）

1100 ラカン　反哲学3セミネール 1994–1995
A. バディウ／V. ピノー校訂／原和之訳 3600円

1101 フューチャビリティー　不能の時代と可能性の地平
F. ベラルディ（ビフォ）／杉村昌昭訳 3600円

1102 アメリカのニーチェ　ある偶像をめぐる物語
J. ラトナー=ローゼンハーゲン／岸正樹訳 5800円

1103 セザンヌ=ゾラ往復書簡　1858–1887
H. ミトラン校訂・解説・注／吉田典子・高橋愛訳 5400円

1104 新しい思考
F. ローゼンツヴァイク／村岡晋一・田中直美編訳 4800円

1106 告発と誘惑　ジャン=ジャック・ルソー論
J. スタロバンスキー／浜名優美・井上櫻子訳 4200円

1107 殺人区画　大量虐殺の精神性
A. デ・スワーン／大平章訳 4800円

1108 国家に抗するデモクラシー　マルクスとマキァヴェリアン・モーメント
M. アバンスール／松葉類・山下雄大訳 3400円

1109 イシスのヴェール　自然概念の歴史をめぐるエッセー
P. アド／小黒和子訳 5000円

1110 生の肯定　ニーチェによるニヒリズムの克服
B. レジンスター／岡村俊史・竹内綱史・新名隆志訳 5400円

1111 世界の終わりの後で　黙示録的理性批判
M. フッセル／西山・伊藤・伊藤・横田訳 4500円

1112 中世ヨーロッパの文化
H. クラインシュミット／藤原保明訳 7800円

1113 カオス・領土・芸術　ドゥルーズと大地のフレーミング
E. グロス／檜垣立哉監訳，小倉・佐古・瀧本訳 2600円

1114 自由の哲学　カントの実践理性批判
O. ヘッフェ／品川哲彦・竹山重光・平出喜代恵訳 5200円

叢書・ウニベルシタスより

（表示価格は税別です）

1086 胎児の条件　生むことと中絶の社会学
L. ボルタンスキー／小田切祐詞訳　6000円

1087 神　第一版・第二版　スピノザをめぐる対話
J. G. ヘルダー／吉田達訳　4400円

1088 アドルノ音楽論集 幻想曲風に
Th. W. アドルノ／岡田暁生・藤井俊之訳　4000円

1089 資本の亡霊
J. フォーグル／羽田功訳　3400円

1090 社会的なものを組み直す　アクターネットワーク理論入門
B. ラトゥール／伊藤嘉高訳　5400円

1091 チチスベオ　イタリアにおける私的モラルと国家のアイデンティティ
R. ビッツォッキ／宮坂真紀訳　4800円

1092 スポーツの文化史　古代オリンピックから 21 世紀まで
W. ベーリンガー／髙木葉子訳　6200円

1093 理性の病理　批判理論の歴史と現在
A. ホネット／出口・宮本・日暮・片上・長澤訳　3800円

1094 ハイデガー＝レーヴィット往復書簡　1919–1973
A. デンカー編／後藤嘉也・小松恵一訳　4000円

1095 神性と経験　ディンカ人の宗教
G. リーンハート／出口顯監訳／坂井信三・佐々木重洋訳　7300円

1096 遺産の概念
J.-P. バブロン，A. シャステル／中津海裕子・湯浅茉衣訳　2800円

1097 ヨーロッパ憲法論
J. ハーバーマス／三島憲一・速水淑子訳　2800円

1098 オーストリア文学の社会史　かつての大国の文化
W. クリークレーダー／斎藤成夫訳　7000円

1099 ベニカルロの夜会　スペインの戦争についての対話
M. アサーニャ／深澤安博訳　3800円

叢書・ウニベルシタスより

(表示価格は税別です)

1072 啓蒙
D. ウートラム／田中 秀夫監訳・逸見修二・吉岡亮訳 4300円

1073 うつむく眼 二〇世紀フランス思想における視覚の失墜
M. ジェイ／亀井・神田・青柳・佐藤・小林・田邉訳 6400円

1074 左翼のメランコリー 隠された伝統の力 一九世紀〜二一世紀
E. トラヴェルソ／宇京 賴三訳 3700円

1075 幸福の形式に関する試論 倫理学研究
M. ゼール／高畑祐人訳 4800円

1076 依存的な理性的動物 ヒトにはなぜ徳が必要か
A. マッキンタイア／高島和哉訳 3300円

1077 ベラスケスのキリスト
M. デ・ウナムーノ／執行草舟監訳・安倍三崎訳 2700円

1078 アルペイオスの流れ 旅路の果てに〈改訳〉
R. カイヨワ／金井裕訳 3400円

1079 ボーヴォワール
J. クリステヴァ／栗脇永翔・中村彩訳 2700円

1080 フェリックス・ガタリ 危機の世紀を予見した思想家
G. ジェノスコ／杉村昌昭・松田正貴訳 3500円

1081 生命倫理学 自然と利害関心の間
D. ビルンバッハー／加藤泰史・高畑祐人・中澤武監訳 5600円

1082 フッサールの遺産 現象学・形而上学・超越論哲学
D. ザハヴィ／中村拓也訳 4000円

1083 個体化の哲学 形相と情報の概念を手がかりに
G. シモンドン／藤井千佳世監訳 6200円

1084 性そのもの ヒトゲノムの中の男性と女性の探求
S. S. リチャードソン／渡部麻衣子訳 4600円

1085 メシア的時間 歴史の時間と生きられた時間
G. ベンスーサン／渡名喜庸哲・藤岡俊博訳 3700円